Collins *Street Atlas*

EDINBURGH

Contents

Key to route planning map symbols	ii
Key to street map symbols	1
Key to street map pages	2-3
City centre map	4-5
Street maps	6-69
Route planning maps	70-73
Index to place names	74
Index to street names	75-110

HarperCollins*Publishers*

ii Key to route planning map symbols

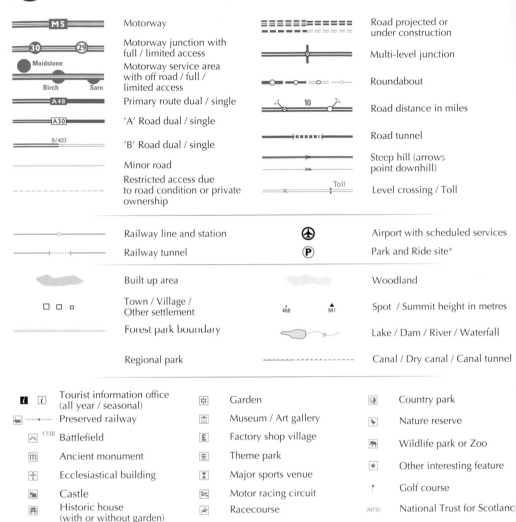

M5	Motorway
30 / 29	Motorway junction with full / limited access
Maidstone / Birch / Sarn	Motorway service area with off road / full / limited access
A48	Primary route dual / single
A30	'A' Road dual / single
B1403	'B' Road dual / single
	Minor road
	Restricted access due to road condition or private ownership
	Railway line and station
	Railway tunnel
	Built up area
□ □ ▫	Town / Village / Other settlement
	Forest park boundary
	Regional park

	Road projected or under construction
	Multi-level junction
	Roundabout
10	Road distance in miles
	Road tunnel
	Steep hill (arrows point downhill)
Toll	Level crossing / Toll
✈	Airport with scheduled services
Ⓟ	Park and Ride site*
	Woodland
468 / ▲941	Spot / Summit height in metres
	Lake / Dam / River / Waterfall
	Canal / Dry canal / Canal tunnel

𝑖 / 𝑖	Tourist information office (all year / seasonal)
	Preserved railway
⚔ 1738	Battlefield
m	Ancient monument
✚	Ecclesiastical building
	Castle
	Historic house (with or without garden)

❃	Garden
🏛	Museum / Art gallery
£	Factory shop village
	Theme park
	Major sports venue
	Motor racing circuit
	Racecourse

	Country park
	Nature reserve
	Wildlife park or Zoo
★	Other interesting feature
⚑	Golf course
(NTS)	National Trust for Scotland

*PARK AND RIDE SITES SHOWN ON THESE PAGES OPERATE A MINIMUM OF 5 DAYS A WEEK

Published by Collins
An imprint of HarperCollinsPublishers
77-85 Fulham Palace Road, Hammersmith, London W6 8JB

The HarperCollins website address is:
www.**fire**and**water**.com

Copyright © HarperCollinsPublishers Ltd 2002
Mapping © Bartholomew Ltd 2002

Collins® is a registered trademark of HarperCollinsPublishers Limited

Mapping generated from Bartholomew digital databases

Bartholomew website address is:
www.bartholomewmaps.com

This product uses map data licensed from Ordnance Survey® with the permission of the Controller of Her Majesty's Stationery Office. © Crown copyright. Licence Number 399302

Printed in Hong Kong

ISBN 0 00 712 804 5 Imp 001   OI11016 CDDC

e-mail: roadcheck@harpercollins.co.uk

Key to street map symbols 1

M8	Motorway
A720	Primary road dual /single
A70	'A' Road dual / single
B701	'B' Road dual / single
	Other road dual / single
	Road under construction
4	Key number for street name (See note on page 75 for further details)

Toll →	One-way street / Toll
	Restricted access / Pedestrian street
	Minor road / Track
FB	Footpath / Cycle path / Footbridge
EDINBURGH	Unitary authority boundary
EH1	Postcode boundary and number

	Railway line
	Railway station
	Railway tunnel

✕	Level crossing
	Bus / Coach station
P	Car Park

	Leisure / Tourism
	Shopping / Retail
	Administration / Law
	Education

	Hospital
	Industry / Commerce
	Notable building
✚	Major religious building

■	Health centre
Pol	Police station
PO	Post Office
Lib	Library
+ ☾ ✿	Church / Mosque / Synagogue

🎥	Cinema
🎭	Theatre
⊠ Hilton	Major Hotel
i i	Tourist information centre (all year / seasonal)
■	Fire station / Ambulance station / Community centre

	Wood / Forest
	Park / Garden / Recreation ground
	Public open space

🚩	Golf course
✝✝✝	Cemetery
	Built up area

³15	National Grid reference

15 Page continuation number

SCALE

0	1/4	1/2	3/4	1 mile

0	0.25	0.5	0.75	1	1.25	1.5 kilometres

1 : 16,000 (approx.) 4 inches to 1 mile / 6.3 cm to 1 km

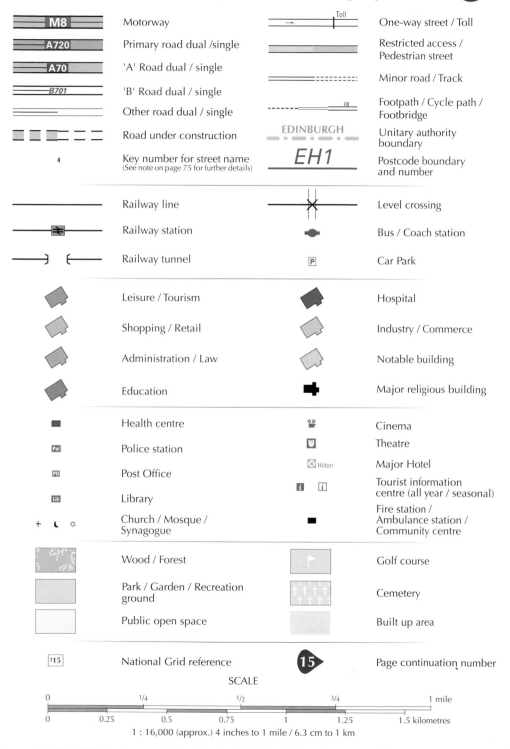

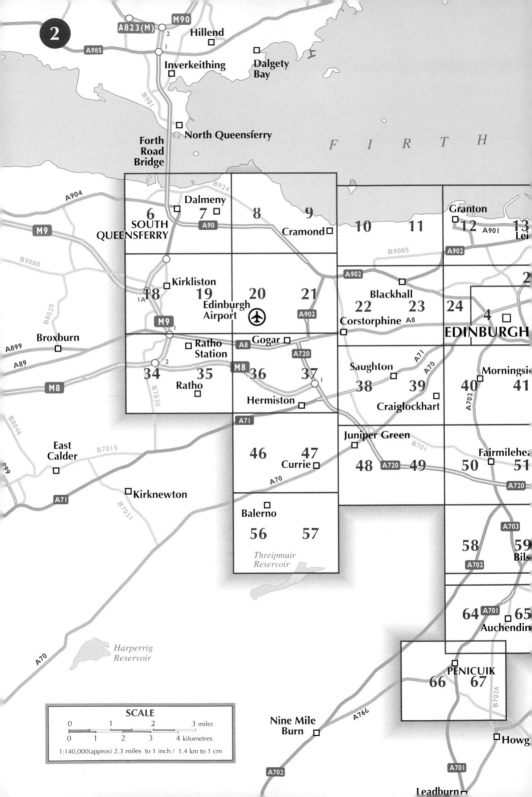

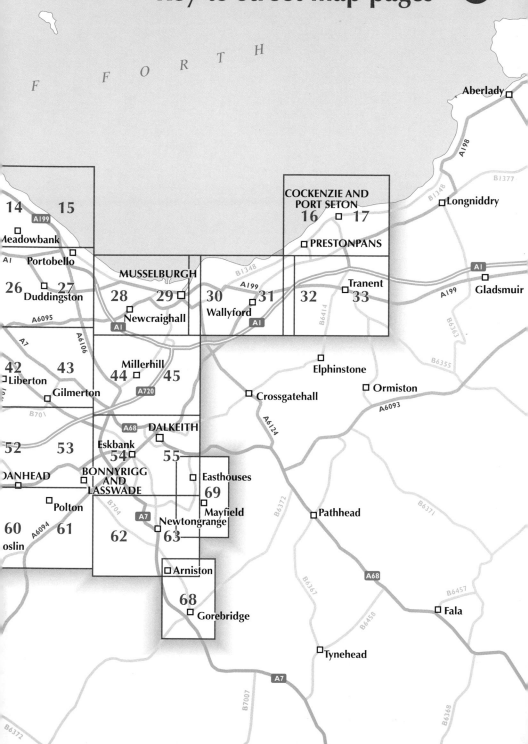

F F O R T H

F F O R T H

Aberlady □

A198

B1377

14   15

A199

□ Meadowbank

B1348

COCKENZIE AND
PORT SETON

16 □ 17

□ Longniddry

A1

Portobello

MUSSELBURGH

B1348

PRESTONPANS

26 □ 27
Duddingston

28   29

30   31

A199

32   33
Tranent

A1

Gladsmuir

A6095

Newcraighall

A1

Wallyford

A1

B6414

A199

B6363

A7

A6106

Millerhill

42   43
Liberton

44   45

A720

Elphinstone □

B6355

Gilmerton

A6093

□ Ormiston

B701

A68

DALKEITH

Crossgatehall □

A6124

52   53

Eskbank

54   55

A7

B6372

□ Pathhead

B6371

DANHEAD

BONNYRIGG
AND
LASSWADE

□ Easthouses

69

Polton

B704

Mayfield

60   61
oslin

A6094

A7

Newtongrange

62   63

A68

B6367

B6457

Arniston □

□ Fala

68

Gorebridge

B6458

Tynehead □

A7

B7007

B6372

B6168

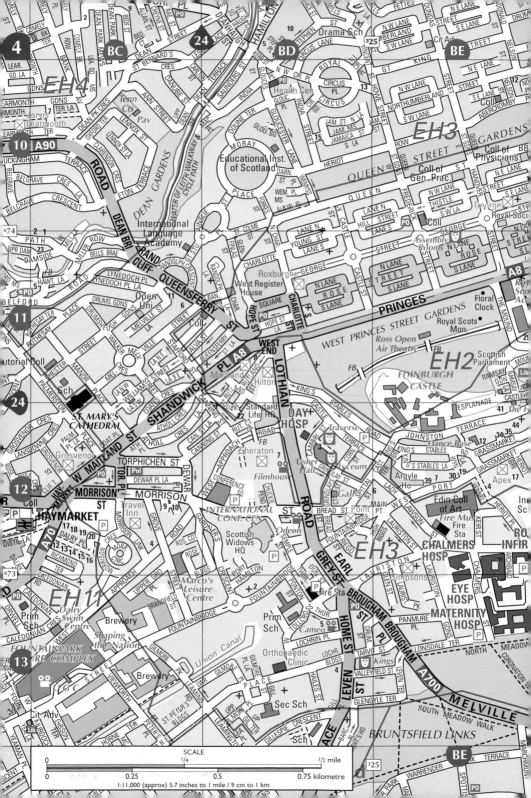

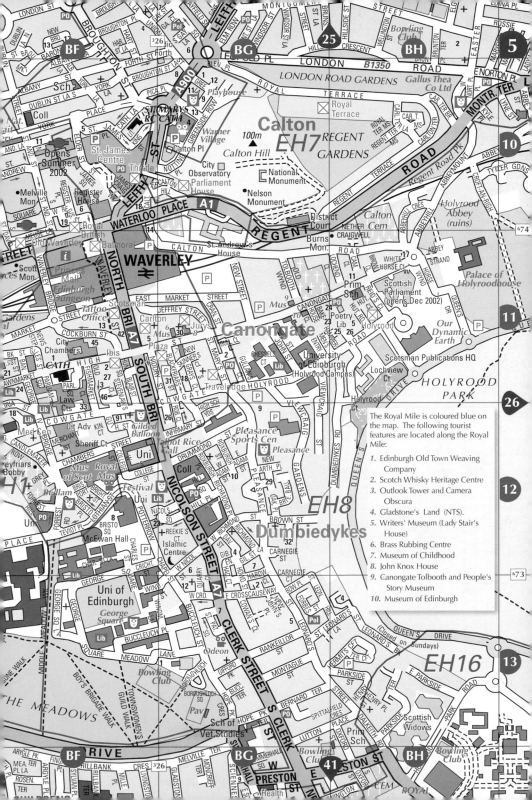

The Royal Mile is coloured blue on the map. The following tourist features are located along the Royal Mile:

1. Edinburgh Old Town Weaving Company
2. Scotch Whisky Heritage Centre
3. Outlook Tower and Camera Obscura
4. Gladstone's Land (NTS).
5. Writers' Museum (Lady Stair's House)
6. Brass Rubbing Centre
7. Museum of Childhood
8. John Knox House
9. Canongate Tolbooth and People's Story Museum
10. Museum of Edinburgh

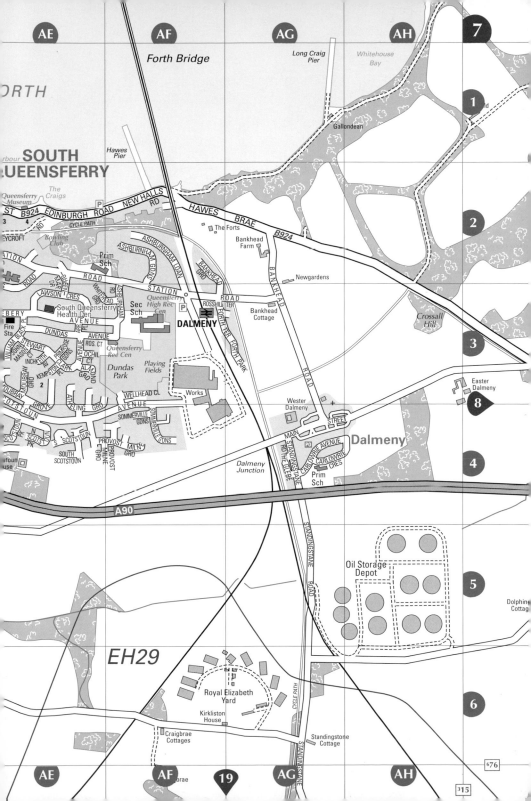

Forth Bridge

Long Craig Pier

Whitehouse Bay

1

Gallondean

ORTH

Hawes Pier

rbour **SOUTH**

Queensferry Museum

The Craigs

QUEENSFERRY

NEW HALLS RD

HAWES BRAE

B924

2

3 4

EDINBURGH ROAD B924

CYCLE PATH

The Forts

Bankhead Farm

EYCROFT

RD

Bowling Club

ASHBURNHAM LOAN

ASHBURNHAM GDNS

Newgardens

BANKHEAD GRO

Prim Sch

STATION

STATION ROAD

Bankhead Cottage

BANKHEAD

3

Crossall Hill

Lawson CRES

WHITECROFT

QUEEN ST

Sec Sch

Queensferry High

Rec Cen

DALMENY

ROSSHILL TER

FORTH TER

ROAD

ERY

Fire Sta

South Queensferry Health Cen

AVENUE

DUNDAS AVENUE

ROS. CT

Queensferry Rec Cen

FORTH PARK

MASON CT

JOHN STEWART CT

INCHKEITH AV

KEMPSTON PL

GIBBIES

CLARK

ALMOND CT

OCHIL CT

Dundas Park

Playing Fields

Wester Dalmeny

Easter Dalmeny

8

MOUBRAY GRO

ATHLING GRO

SOMMERVILLE GDNS

WELLHEAD CL

AVENUE

Works

ROAD

FORTH GLEBE

STANDINGSTANE

MAIN STREET

CARLOWRIE AVENUE

PO

Dalmeny

SCOTSTOUN

SCOTSTOUN PK

N SCOTS' PK

S SCOTSTOUN

SOUTH SCOTSTOUN

PROVOST MILNE GRO

SOMMERVILLE GDNS

CARLOWRIE CRES

4

suse

Dalmeny Junction

Prim Sch

A90

5

Oil Storage Depot

Dolphin Cottage

EH29

Royal Elizabeth Yard

Kirkliston House

6

Craigbrae Cottages

CYCLE PATH

STANDINGSTANE ROAD

Standingstone Cottage

brae

AN **AP** **AQ** **AR** **9**

1

FIRTH OF FORTH

2

DRUM SANDS

3

Snab Point

Long
Green

Eagle
Rock

10

LONG GREEN
WOOD

4 eakwater

Linklip Burn

Home Farm
Cottages

Cobble
Cottage
Passenger Ferry

ESPLANADE

P

Cramond
Tower

Wilderness
Wood

CRAMOND

Cramond
House
Roman Fort
(remains)

Hall

EH4

5

New
Burnshot

East
Craigie

Weir

Weir

Prim
Sch

6

BR

676

AN **A90** **AP** **21** **AQ** **AR** Ind
Sch

319

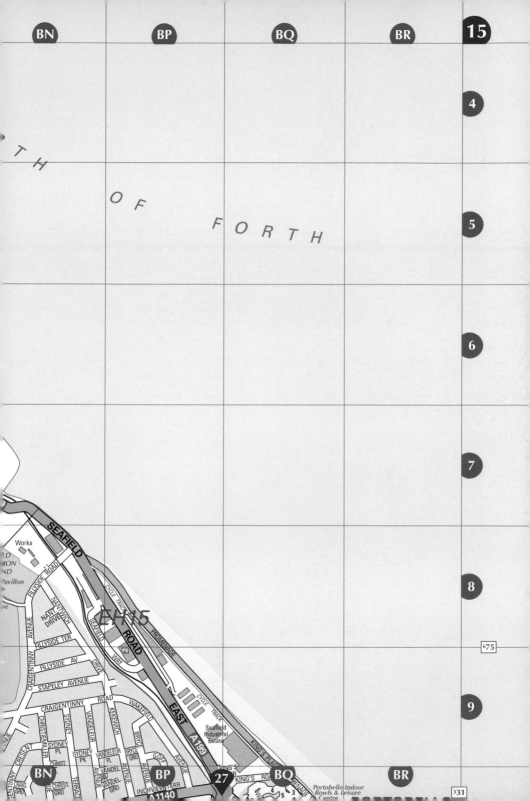

4

FIRTH

OF

FORTH

5

6

7

Works

SEAFIELD

FILLYSIDE ROAD

NANTWICH DRIVE

CYCLE TRACK

SEAFIELD WAY

EH15

SEAFIELD ROAD

PROMENADE

PO

8

ᵇ75

AVENUE

FILLYSIDE TER

FILLYSIDE AV

STAPELEY AVENUE

CRAIGENTINNY

DRIVE

CYCLE TRACK

9

CRAIGENTINNY ROAD

WAKEFIELD AVENUE

EAST A199

Seafield Industrial Estate

SYDNEY

VANDELEUR

KEKEWICH

BRYCE PL

GOFF AVENUE

KING'S PLACE

CHRISTIEMILLER

SYDNEY PL

VANDELEUR PL

VANDELEUR AVENUE

Portobello Indoor
Bowls & Leisure
Centre

CHRIST.

CRAIG. GRO

CHRIST. GRO

INCHVIEW TERR

VANDEL GRO

KING'S RD

4 5 3

A1140

331

5

6

PORT SETON

Port Seton
Harbour

LINKS ROAD B1348

Seton Sands
Holiday Village

7

GOSFORD ROAD

LINKS CT

FISHER'S
GOLF DRIVE

CRESCENT
THOMSON
INGLIS
NORTH SETON PARK VIEW
AVENUE
PARK
INGLIS AV
SOUTH
SETON

CASTLE TERR
CASTLE ROAD
CASTLE VIEW
CASTLE AVENUE
CASTLE WK

LINKS WYND
LINKS VW
LINKS WYND

FORTH GR
FORTH
WYND

WEMYSS PL
VIEWFORTH PL
COPE LA
SETON PL
PARK LA
BARRACKS STREET
STREET
THE PRINEY
P

Bowling
Club
Lib

JOHN'S TER

SETON WYND
CRAIGS
LONG
SETON VIEW

SETON
PARK

Prim
Sch

WINTON PK
OSBORNE CT
OSBORNE TERRACE

ANHILL
PARK
ROWANHILL DRIVE
CHESTNUT WAY
BRO
ROWANHILL
SYCAMORE
POPLAR
ROAD
LABURNUM
FISHERGATE

CEDAR DRIVE
ALDER
ROWANHILL VIEW

AVENUE ROAD

COCKENZIE

8

Seton
Collegiate
Church

Seton
House and
Gardens

ROAD

West Seton
House

Seton

A198

9

B6371

A198

Works

EH33

Works

10

Open Cast
Workings

AE

AF

7

AG

AH

19

Craigbrae
Cottages

Standingstone
Cottage

7

Craigbrae

STANDINGSTANE

ROAD

Carlowrie
Cottages

Carlowrie Farm
Cottages

Easter
Carlowrie

Carlowrie
Farm

8

Almondhill
Cottages

Wheatlands

9

EH29

River Almo

ON

20

Carlowie

10

Foxhall

Boathouse
Bridge

River Almond

11 EDINBUR
(Tur

Buses

Terminal *i*

EH12

Fire Sta

Short Stay
Car Park

JUBILEE

ALMOND

ROAD

BURNSIDE

ROAD

GOGAR BRIDGE

ROAD

P

JUBILEE

ROAD

Car Hire
Return

Maby's Way

Ingliston

Mill

Almond
House

Pol

ALMOND AV

12

Ingliston
Market

Quality Hotel
Edinburgh Airport

Almond
ROAD

Hilt
Edinb
Airp

AE

AF

35

AG

Edinburgh
Exhibition &
Trade Centre

FAIRVIEW

Port Royal
Golf Range

AH

FIELD

673

315

Royal Highland

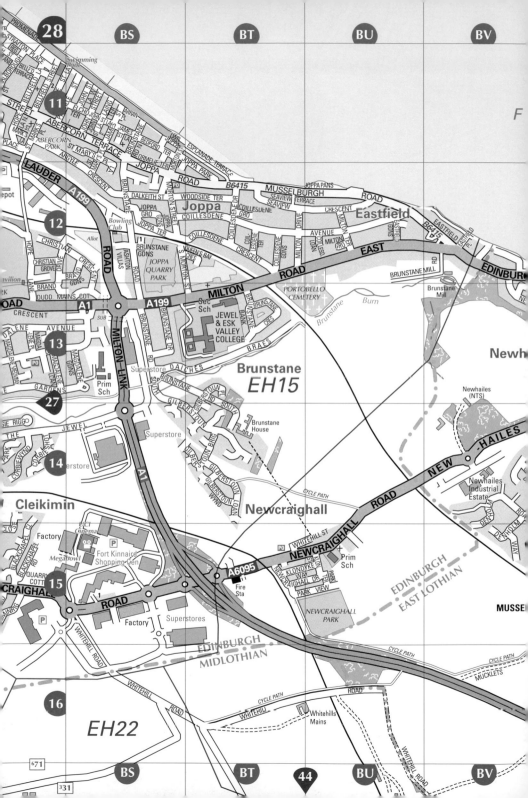

32 CG Cuthill **CH** **16** CJ Preston CK

11 Clubhouse

EH32

Bowling Club

Prestongrange

Mid Road Industrial Estate

Prestonpans Industrial Estate

⇌ **PRESTONPANS STATION**

Bankton House

NORTHFIELD RD GARDINER TERRACE

Playing Fields

Prim Sch

B1349

B1361

12 ✳ Prestongrange Crossing

FB

JOHNNIE COPE'S ROAD

A1

BRICKWORKS

BANKTON BRAE

STAIR PARK

Dolphingstone Farm

13

A199 **POST ROAD**

BIRSLEY BRAE

JOHNNIE COPE'S RD

POLSON GDNS

Football Pitch

POLSON PARK

LAMMERMOOR GDNS

LAMMERM

31

14

A1

15

B6414

16

Myles Farm

671

338

CG CH CJ CK

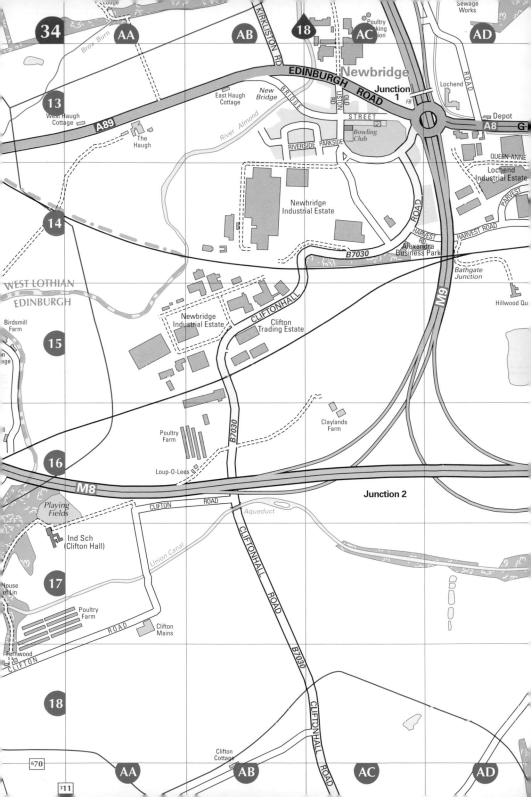

Top row (grid references): AE, AF, 19, AG, AH, 35

Ratho Station area:
- Ingliston Market
- Quality Hotel Edinburgh Airport
- Edinburgh Exhibition & Trade Centre
- Royal Highland Showground
- West Ingliston
- Ingliston House
- Scottish Agricultural Museum
- Port Royal Golf Range
- East Mains of Ingliston
- East Ingliston House
- 13
- Rec Grd
- FB
- HILLWOOD GDNS
- Pav
- CYCLE PATH
- Ingliston Cottage
- STATION ROAD
- HILLWOOD RD
- HILLWOOD CRES
- Ratho Station Park
- HILLWOOD AVE
- HILLWOOD RISE
- DRIVE
- Prim Sch
- Ratho Station
- Ingliston Castle
- Middle Norton
- 14
- GLASGOW ROAD
- A8

- Hillwood House
- Hillwood Cottage
- Norton House
- Norton Mains
- Easter
- 15
- FREELAND
- Pig Farm
- Hillend
- BAIRD ROAD
- M8
- Ratho Byres
- 36
- Ashl
- Works
- Ratho Cemetery
- Ashley Cottage
- Freelands
- ROAD
- FREELANDS
- 16

EH28

- Manse
- Ratho Hall
- Kirkton Farm
- Union Canal
- East Lodge
- West Lodge
- Clubhouse
- 17
- RATHO P GOLF CO
- BAIRD RD
- Ratho Park
- Pav
- Ratho Park Gardens
- ROAD
- WEST CROFT
- EAST CROFT
- PARK
- RATHO
- Hallcroft Grn
- HALLCROFT CRES
- ALLCROFT GDNS
- HALLCROFT PARK
- HALL PK
- HALLCR DL
- HALLCR RI
- CRAIGPARK
- CRAIG PK
- Prim Sch
- SCHOOL WYND
- STREET
- NORTH STREET
- PO
- DALMAHOY RD
- TIMMINS CT
- LIDGATE SHOT
- MAIN
- WILKIESTON ROAD
- LIMSDENCT
- HILLVIEW COTTAGES
- Ransfield
- 18
- Ratho Mains
- Ransfield Cottages

Bottom row (grid references): AE, AF, Ratho Mains Cottages, AG, AH, 670, 315

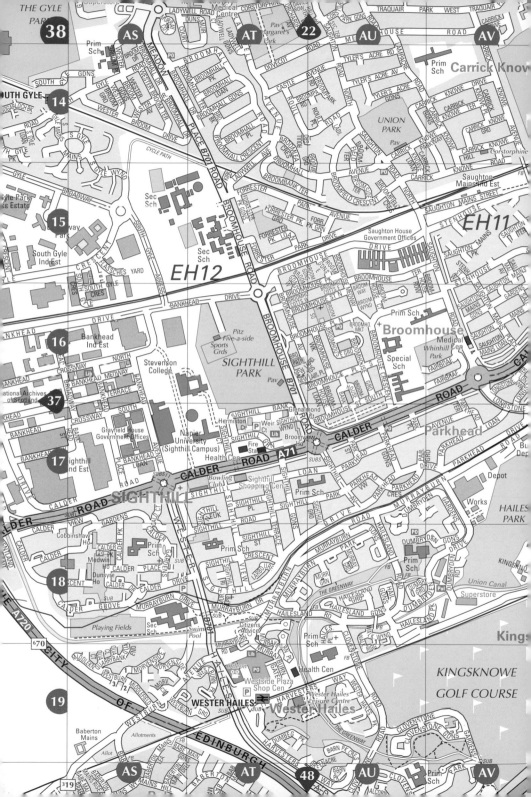

46 **AJ** **AK** **36** **AL** **AM**

EH28

A71

19

Addiston Mains

Addistone Bridge

CALDER ROAD

CROW WOOD

Kierhill Pond

20

Addistoun House

CURRIEHILL ROAD

Dalmahoy Stables

WARRISTON

WARRISTON FARM ROAD

21

Warriston

DALMAHOY

Muir O' Dean

LONG DALMAHOY ROAD

DALMAHOY

Cocklaw

22

GOLF COURSE

LONG DALMAHOY ROAD

GOWANHILL ROAD

Gowanhill

Newhouse

RAVELRIG ROAD

NEWMILLS

23

EH27

CURRIEHILL CASTLE DR

CASTLE

CURRIEHILL ROAD

NEWMILLS ROAD

NEWMILLS GRO

NEWMILLS

24

CHERRY

WILLOW TREE PL

CHERRY PL

ADDISTON GRO

ADDISTON CRES

ADDISTON PK

HORSBURGH GRO

HORSBURGH BANK

HORSBURGH GDNS

DALMAHOY CRES

TURNER PK

TURNER AV

RAVELRIG ROAD

Pilmuir Farm

TURNER

STATION ROAD

CRESCENT

Sec Sch

MALLENY PARK (CURRIE R.F.C.)

AJ **AK** **56** **AL** **AM**

WEST ROAD

Water

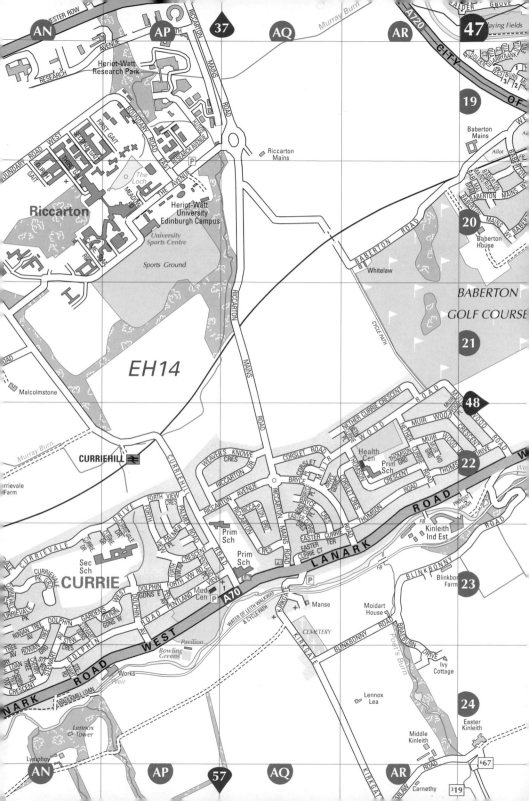

58

BA

BB

50

BC

BD

Midlothian
Ski Centre

HILLEND COUN
PARK

Byerside
Hill

Hillend
Hill

26

EDINBURGH

Windy Door Nick

Boghall
Plantation

MIDLOTHIAN

Caerketton Hill

Erraid
House

27

EH10

Boghall
Plantation

28

Boghall

Woodhouselee
Hill

Boghall Burn

P

29

Fulford

Boghall Bu

Stables

Woodhouselee

EH26

30

Hospital for
Small Animals

Easter
Howgate

⁶64

Castlelaw
Fort

ROAD

31

Castlelaw

Scottish
Agricultural
College

Techn
Cer

Bush

BA

BB

64

BC

BD

³23

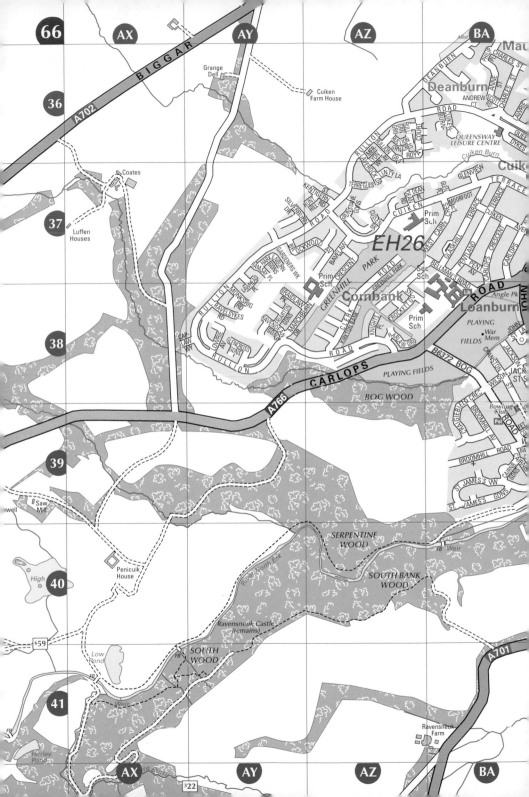

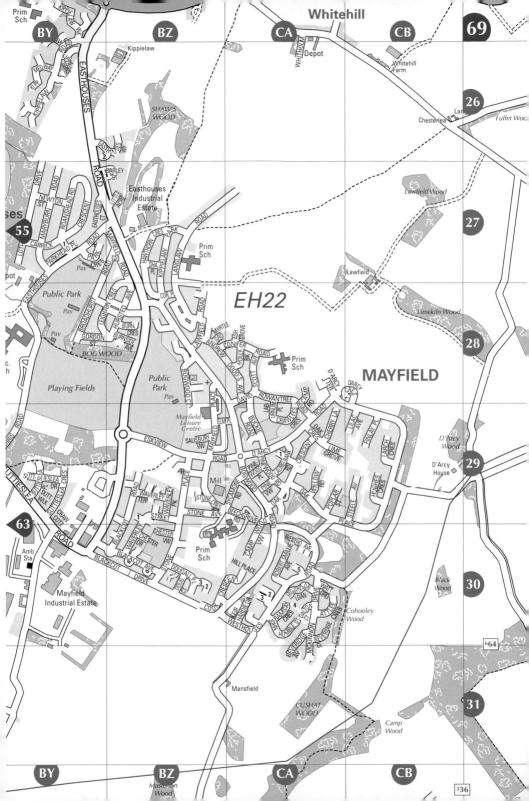

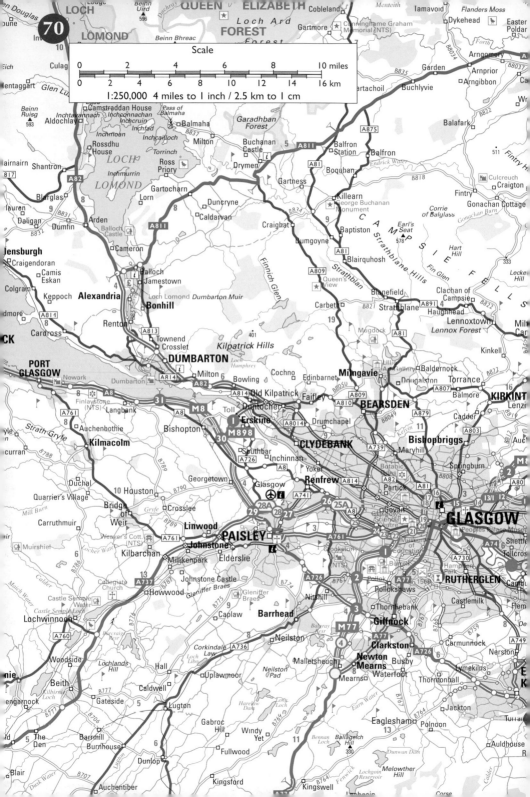

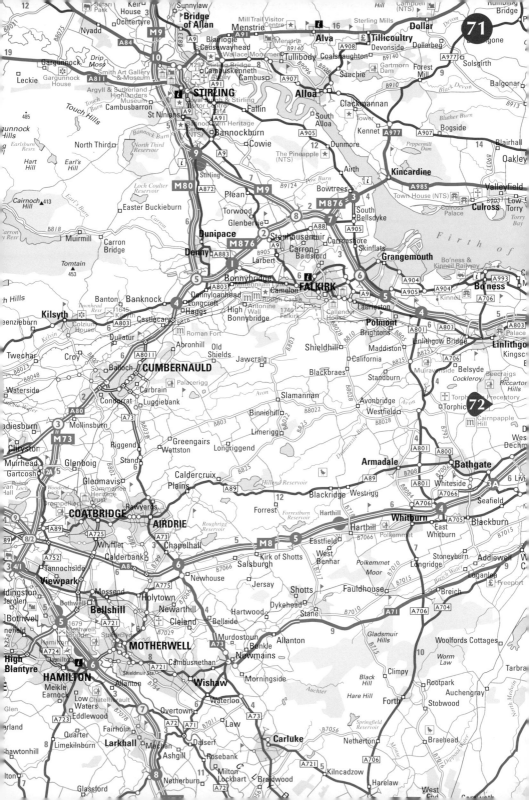

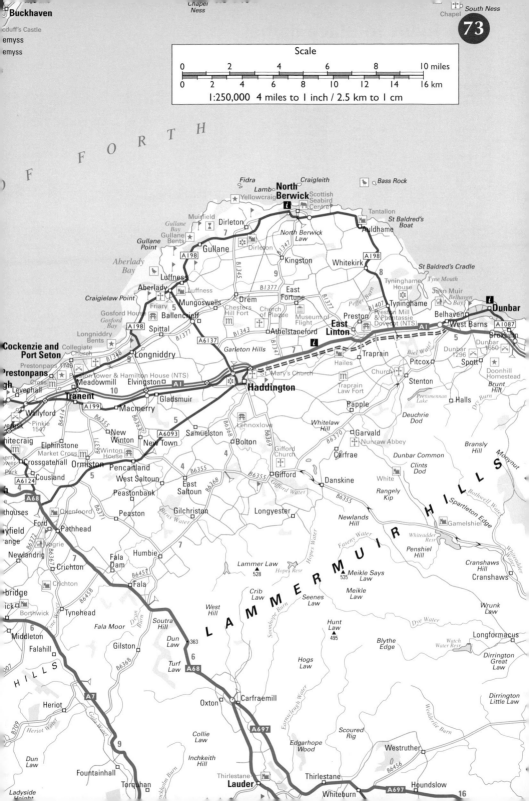

A

Alnwickhill	51	BH21
Arniston	68	BX34
Auchendinny	65	BF34

B

Baberton	48	AS20
Balerno	56	AM26
Barnton	21	AR9
Beeslack	67	BC36
Bilston	59	BF29
Bingham	27	BQ14
Blackford	41	BF17
Blackhall	23	AW9
Boghall	58	BC28
Bonaly	49	AW22
Bonnington	13	BF7
Bonnyrigg & Lasswade	54	BT28
Braids	40	BD19
Broomhouse	38	AU16
Broomieknowe	53	BQ27
Broughton	25	BE8
Brunstane	28	BT13
Bruntsfield	40	BD14
Bughtlin	21	AR10
Burdiehouse	52	BJ24
Bush	58	BD31

C

Calton	5	BG10
Cammo	21	AP9
Canongate	5	BG11
Canonmills	24	BD8
Carrick Knowe	38	AV14
Church Hill	40	BD15
Cleikimin	27	BR14
Clermiston	22	AS9
Coates	24	BA11
Cockenzie	17	CM8
Colinton	49	AW21
Comely Bank	24	BB9
Comiston	50	BC21
Cornbank	66	AZ38
Corstorphine	22	AT11
Craigentinny	14	BM8
Craigleith	23	AZ9
Craiglockhart	39	AZ17
Craigmillar	26	BM15
Cramond	5	AQ5
Cuiken	66	BA37
Currie	47	AN23
Cuthill	32	CG11

D

Dalkeith	55	BX25
Dalmeny	7	AH4
Dalry	24	BA13
Danderhall	44	BS20
Davidsons Mains	22	AU8
Dean Village	24	BB10
Deanlaw	66	BA36
Dreghorn	49	AY22
Drumbrae	22	AS10
Drylaw	23	AX8
Duddingston	27	BN13
Dumbiedykes	5	BG12
Durham	27	BP12

E

East Craigs	21	AR11
East Pilton	12	BA6
Easter Howgate	58	BC30
Eastfield, Penicuik	67	BB36
Eastfield, Portobello	28	BU12
Easthouses	55	BX27
Edmonstone	43	BP18
Fldindean	54	BS27
Eskbank	54	BV25
Eckgrove	53	BP27

F

Fairmilehead	50	BD22

Ferniehill	43	BP20
Firrhill	40	BA19
Fisherrow	29	BY12

G

Gilmerton	43	BP21
Glencorse	64	BD35
Goldenacre	12	BD7
Goose Green	29	BZ12
Gorebridge	68	BX36
Gorgie	39	AZ15
Gowkshill	63	BY32
Gracemount	42	BK21
Grange	41	BF15
Granton	12	BA4
Greenbank	40	BB19
Greendykes	43	BP16
Greenend	42	BL19
Greenlaw Mains	64	BC35
Gyle	37	AR13

H

Hailes	49	AW20
Hillend	51	BE25
Hillside	25	BH9
Hopefield	61	BR29
Hyvots Bank	42	BL20

I

Inch	42	BJ18
Ingliston	19	AG12
Inveresk	29	BZ15
Inverleith	12	BB7

J

Jock's Lodge	26	BL10
Joppa	28	BS12
Juniper Green	48	AS21

K

Kingsknowe	38	AV18
Kirkhill	67	BC38
Kirkliston	18	AD10

L

Ladywood	67	BC37
Leith	14	BJ6
Levenhall	30	CC13
Liberton	42	BJ19
Loanburn	66	BA38
Loanhead	52	BM26
Loanstone	67	BD38
Longstone	39	AW17
Lothianburn	51	BE24

M

Marchmont	41	BE14
Mauricewood	66	BA36
Mayfield	69	CB28
Meadowbank	26	BK10
Merchiston	40	BB15
Millerhill	44	BU20
Milton Bridge	64	BD33
Moredun	43	BN20
Morningside	40	BD17
Mortonhall	51	BH22
Muirhouse	11	AX6
Murrayfield	23	AY12
Musselburgh	29	BY15
New Pentand	59	BH27

N

Newbattle	55	BW27
Newbridge	34	AC13
Newcraighall	28	BT14
Newhailes	28	BV13
Newhaven	13	BF5
Nowington	41	BH14
Newton Village	44	BT19
Newtongrange	62	BV29
Newtonloan	63	BW32
Niddrie	27	BQ15
North Leith	13	BG6

Northfield	27	BN12

O

Old Craighall	45	BW17
Old Pentland	59	BG26
Orchard Brae	24	BA10
Oxgangs	50	BA21

P

Parkhead	38	AV17
Penicuik	67	BB39
Piershill	26	BM11
Pilrig	13	BG7
Pilton	11	AZ6
Pinkie	30	CB14
Polton	60	BM29
Poltonhall	61	BP29
Polwarth	40	BA14
Port Edgar	6	AR1
Portobello	27	BR10
Post Seton	17	CL6
Preston	32	CJ11
Prestonfield	26	BK15
Prestonpans	16	CG9

Q

Quarryhead	53	BR27

R

Ratho	35	AG17
Ratho Station	35	AF14
Ravelston	23	AY10
Restalrig	14	BM9
Riccarton	47	AN20
Roseburn	23	AZ12
Rosewell	60	BL33
Roslin	59	BH31

S

Saughton	39	AX14
Saughtonhall	23	AX13
Seafield	14	BM7
Seaford	59	BF29
Seton	17	CN9
Sighthill	38	AS17
Silverknowes	10	AV7
Slateford	39	AX17
South Gyle	37	AR15
South Leith	14	BJ8
South Queensferry	7	AE1
Southhouse	52	BK23
Stenhouse	39	AX15
Stockbridge	24	BD9
Stoneybank	29	BW15
Stoneyhill	29	BW15
Straiton	52	BJ25
Swanston Village	50	BC24

T

Tranent	33	CL14
Trinity	12	BD5
Turnhouse	20	AL10

U

Upper Dalhousie	62	BS32

V

Valleyfield	67	BB39

W

Wallyford	31	CE15
Warriston	13	BE7
West Craigs	21	AP12
West End	4	BC11
West Pilton	11	AZ6
Wester Hailes	38	AT19
Westpans	30	CC12
Whitehill, Musselburgh	29	BW15
Willowbrae	26	BL12
Woodburn	55	BY24
Woodhall	48	AU21

General Abbreviations

Arc	Arcade	Gdns	Gardens	Rd	Road
Av/Ave	Avenue	Gra	Grange	Ri	Rise
Bk	Bank	Grds	Grounds	S	South
Bldgs	Buildings	Grn	Green	Sch	School
Boul	Boulevard	Gro	Grove	Sq	Square
Br/Bri	Bridge	Ho	House	St.	Saint
Bus	Business	Hosp	Hospital	St	Street
Cen	Central, Centre	Hts	Heights	Sta	Station
Cft	Croft	Ind	Industrial	Ter	Terrace
Ch	Church	Junct	Junction	Trd	Trading
Circ	Circus	La	Lane	Twr	Tower
Cl/Clo	Close	Ln	Loan	Twrs	Towers
Cor	Corner	Lo	Lodge	Vil / Vill	Villa
Cotts	Cottages	Mans	Mansions	Vills	Villas
Cres	Crescent	Ms	Mews	Vw	View
Ct	Court	Mt	Mount	W	West
Cts	Courts	N	North	Wd	Wood
Dr	Drive	Par	Parade	Wds	Woods
E	East	Pas	Passage	Wf	Wharf
Est	Estate	Pk	Park	Wk	Walk
Ex	Exchange	Pl	Place	Wks	Works
Fm	Farm	Quad	Quadrant		

Post town abbreviations

Bal.	Balerno	Lass.	Lasswade	Ros.	Roslin
Bonny.	Bonnyrigg	Lnhd	Loanhead	Rose.	Rosewell
Dalk.	Dalkeith	Muss.	Musselburgh	S Q'fry	South Queensferry
Gore.	Gorebridge	Newbr.	Newbridge	Tran.	Tranent
Jun. Grn	Juniper Green	Pen.	Penicuik		
K'lis.	Kirkliston	Pres.	Prestonpans		

District abbreviations

Auch.	Auchendinny	Gilm.	Gilmerton	Polt.	Polton
Bils.	Bilston	Gowks.	Gowkshill	Port S.	Port Seton
Cock.	Cockenzie	Inglis.	Ingliston	Ratho Sta	Ratho Station
Craig.	Craigiehall	Inv.	Inveresk	Ricc.	Riccarton
Cram.	Cramond	Mayf.	Mayfield	Silv.	Silverburn
Dalm.	Dalmeny	Milt.Br	Milton Bridge	Strait.	Straiton
Dand.	Danderhall	Monk.	Monktonhall	Wall.	Wallyford
David.M.	Davidsons Mains	Newcr.	Newcraighall	White.	Whitecraig
Easth.	Easthouses	Newt.	Newtongrange	Wool.	Woolmet

There are street names in the index which are followed by a number in **bold**. These numbers can be found on the map where there is insufficient space to show the street name in full. For example the location of Affleck Ct **1** *EH12*, 21 AQ11 will be found by a number 1 in the square AQ11 on page 21.

A

Abbey La *EH8*	26	BJ10			
Abbey Rd, Dalk. *EH22*	54	BV25			
Abbey Strand *EH8*	5	BH11			
Abbey St *EH7*	26	BJ10			
Abbeygrange (Newt.),	63	BW29			
Dalk. *EH22*					
Abbeyhill *EH8*	5	BH11			
Abbeyhill Cres *EH8*	5	BH11			
Abbeyhill Ind Est *EH8*	26	BJ10			
Abbeymount *EH8*	5	BH10			
Abbotsford Ct *EH10*	40	BC15			
Abbotsford Cres *EH10*	40	BC15			
Abbotsford Pk *EH10*	40	BC15			
Abercorn Av *EH8*	26	BM11			
Abercorn Cotts *EH15*	26	BM13			
Abercorn Ct **2** *EH8*	26	BM12			
Abercorn Cres *EH8*	26	BL11			
Abercorn Dr *EH8*	26	BL11			
Abercorn Gdns *EH8*	26	BM10			
Abercorn Gro *EH8*	26	BL11			
Abercorn Rd *EH8*	26	BL11			
Abercorn Ter *EH15*	27	BR11			
Abercromby Pl *EH3*	4	BE10			
Abinger Gdns *EH12*	23	AZ12			
Academy La, Lnhd *EH20*	52	BL27			
Academy Pk *EH6*	14	BJ7			
Academy St *EH6*	14	BJ7			
Acheson Dr, Pres. *EH32*	32	CG11			
Acklam Path, Lnhd *EH20*	59	BH28			
Adams Well *EH13*	49	AZ20			
Addiston Cres, Bal. *EH14*	46	AL24			
Addiston Fm Rd (Ratho),	36	AK18			
Newbr. *EH28*					
Addiston Gro, Bal. *EH14*	46	AL24			
Addiston Pk, Bal. *EH14*	46	AK24			
Adelphi Gro *EH15*	27	BQ10			
Adelphi Pl *EH15*	27	BQ11			
Admiral Ter *EH10*	40	BD14			
Admiralty St *EH6*	13	BH5			
Advocates Cl **1** *EH1*	5	BF11			
Affleck Ct **1** *EH12*	21	AQ11			
Afton Pl *EH5*	12	BC6			
Afton Ter *EH5*	12	BC6			
Agnew Ter *EH6*	13	BF6			
Ainslie Pl *EH3*	4	BC10			
Aird's Cl *EH1*	4	BE12			

Airlie Pl *EH3*	25	BE9
Aitchison's Pl **11** *EH15*	27	BQ10
Aitkenhill *EH11*	39	AX15
Alan Breck Gdns *EH4*	22	AT10
Albany La *EH1*	5	BF10
Albany St *EH1*	5	BF10
Albany St La *EH1*	5	BF10
Albert Cl **2** (Wall.), Muss. *EH21*	31	CD14
Albert Cres (Wall.), Muss. *EH21*	31	CD14
Albert Dock *EH6*	14	BJ5
Albert Pl *EH7*	25	BG9
Albert Pl (Wall.), Muss. *EH21*	31	CD14
Albert Rd *EH6*	14	BK6
Albert St *EH7*	25	BH8
Albert Ter *EH10*	40	BC15
Albert Ter, Muss. *EH21*	30	CA13
Albion Business Cen *EH7*	14	BJ9
Albion Pl *EH7*	14	BJ9
Albion Rd *EH7*	14	BJ9
Albion Ter *EH7*	14	BJ9
Albyn Pl *EH2*	4	BD10
Alcorn Rigg **1** *EH14*	48	AU20
Alcorn Sq *EH14*	48	AU20
Alder Rd (Port S.), Pres. *EH32*	17	CM8
Alderbank, Pen. *EH26*	66	BA39
Alderbank Gdns *EH11*	40	BA15
Alderbank Pl *EH11*	40	BA15
Alderbank Ter *EH11*	40	BA15
Alemoor Cres *EH7*	14	BK8
Alemoor Pk *EH7*	14	BK8
Alexander Dr *EH11*	39	AZ14
Alexander Dr, Pres. *EH32*	32	CG11
Alfred Pl *EH9*	41	BH14
Allan Pk, K'lis. *EH29*	18	AC9
Allan Pk Cres *EH14*	39	AY16
Allan Pk Dr *EH14*	39	AY17
Allan Pk Gdns *EH14*	39	AY17
Allan Pk Ln *EH14*	39	AZ17
Allan Pk Rd *EH14*	39	AY17
Allan St *EH4*	24	BC9
Allan Ter, Dalk. *EH22*	55	BX24
Allanfield *EH7*	25	BH9
Allermuir Av (Bils.), Ros. *EH25*	59	BG30
Allermuir Ct *EH13*	50	BB20
Allermuir Rd *EH13*	49	AW21
Allison Pl, K'lis. *EH29*	18	AD9
Alloway Ln *EH16*	42	BJ19
Almond Av *EH12*	19	AH12
Almond Bk Cotts **1** *EH4*	9	AR5
Almond Ct *EH16*	43	BN16
Almond Cres, Bonny. *EH19*	61	BR29
Almond Dr *EH12*	19	AH12
Almond Grn *EH12*	21	AQ11
Almond Gro, S Q'fry *EH30*	7	AE3
Almond Rd *EH12*	19	AH12
Almond Sq *EH12*	21	AQ11
Almondbank Ter *EH11*	40	BA15
Almondhill Rd, K'lis. *EH29*	18	AD9
Almondhill Steadings, K'lis. *EH29*	18	AD8
Almondside, K'lis. *EH29*	18	AD10
Alnwickhill Ct *EH16*	51	BH21
Alnwickhill Cres *EH16*	51	BH21
Alnwickhill Dr *EH16*	51	BH21

Alnwickhill Gdns *EH16*	51	BH21
Alnwickhill Gro *EH16*	51	BH21
Alnwickhill Ln *EH16*	51	BH21
Alnwickhill Pk *EH16*	42	BJ21
Alnwickhill Rd *EH16*	42	BJ20
Alnwickhill Ter *EH16*	51	BH21
Alnwickhill Vw *EH16*	51	BH21
Alva Pl *EH7*	26	BJ10
Alva St *EH2*	4	BC11
Alvanley Ter **1** *EH9*	40	BD14
Amos Path, Lnhd *EH20*	59	BG28
Anchor Cl **45** *EH1*	5	BF11
Anchorfield *EH6*	13	BF5
Ancrum Bk, Dalk. *EH22*	54	BV26
Ancrum Rd, Dalk. *EH22*	54	BV26
Anderson Av (Newt.), Dalk. *EH22*	63	BX29
Anderson Pl *EH6*	13	BG6
Andrew Ct, Pen. *EH26*	66	BA36
Andrew Dodd's Av (Mayf.), Dalk. *EH22*	55	BZ28
Andrew Wd Ct *EH6*	13	BE5
Angle Pk Ter *EH11*	40	BB14
Angres Ct (Dand.), Dalk. *EH22*	44	BS19
Ann St *EH4*	4	BC10
Annandale St *EH7*	25	BF8
Annandale St La *EH7*	25	BG9
Anne St, Pen. *EH26*	66	BA36
Annfield *EH6*	13	BF5
Annfield, Tran. *EH33*	33	CN14
Annfield St *EH6*	13	BF5
Antigua St **6** *EH1*	25	BG9
Appin Ter *EH14*	39	AZ15
Arboretum Av *EH4*	24	BC9
Arboretum Pl *EH3*	24	BC8
Arboretum Rd *EH3*	12	BC7
Arbuthnot Rd, Lnhd *EH20*	60	BL28
Archibald Pl *EH3*	4	BE12
Arden St *EH9*	41	BE14
Ardmillan Pl *EH11*	40	BB14
Ardmillan Ter *EH11*	40	BA14
Ardmillan Ter La **1** *EH11*	40	BB14
Ardshiel Av *EH4*	22	AT11
Argyle Cres *EH15*	27	BR11
Argyle Pk Ter *EH9*	41	BF14
Argyle Pl *EH9*	41	BF14
Argyle Pl, Bonny. *EH19*	61	BP29
Argyle St *EH6*	13	BG5
Argyll Ter **14** *EH11*	4	BC12
Armine Pl, Pen. *EH26*	67	BC36
Arniston Pl **5**, Bonny. *EH19*	61	BR28
Arnott Gdns *EH14*	39	AW18
Arnprior Rd, Gore. *EH23*	68	BZ35
Arran Pl *EH15*	28	BS11
Arras Gro, Pen. *EH26*	64	BC35
Arrol Pl, S Q'fry *EH30*	7	AE3
Arthur St *EH6*	25	BH8
Arthur St La *EH6*	25	BH8
Arthur Vw Cres (Dand.), Dalk. *EH22*	43	BR19
Arthur Vw Ter (Dand.), Dalk. *EH22*	43	BR19
Ash Gro (Mayf.), Dalk. *EH22*	69	CA28
Ash La, Lnhd *EH20*	59	BG28
Ashburnham Gdns, S Q'fry *EH30*	7	AF2
Ashburnham Ln, S Q'fry *EH30*	7	AF2

Ashburnham Rd, S Q'fry *EH30*	7	AF3
Ashgrove, Muss. *EH21*	30	CA13
Ashgrove Pl, Muss. *EH21*	30	CB13
Ashgrove Vw, Muss. *EH21*	30	CB13
Ashley Dr *EH11*	40	BA16
Ashley Gdns *EH11*	40	BA16
Ashley Gro *EH11*	40	BA15
Ashley Pl *EH6*	13	BG7
Ashley Ter *EH11*	40	BA15
Ashton Gro *EH16*	42	BK18
Ashton Vil *EH15*	28	BS12
Ashville Ter *EH6*	14	BK8
Ashy Path **8** *EH10*	40	BB19
Assembly St *EH6*	14	BJ6
Assynt Bk, Pen. *EH26*	67	BC37
Atheling Gro, S Q'fry *EH30*	7	AE3
Atholl Cres *EH3*	4	BC12
Atholl Cres La *EH3*	4	BC12
Atholl Pl *EH3*	4	BC12
Atholl Ter **15** *EH11*	4	BC12
Attlee Cres (Mayf.), Dalk. *EH22*	69	CA30
Auchingane *EH10*	50	BA22
Auchinleck Ct *EH6*	13	BF5
Auchinleck's Brae **5** *EH6*	13	BE5
Auld Orchard, Bonny. *EH19*	54	BS28
Auldgate, K'lis. *EH29*	18	AD10
Avenue, The (Ricc.), Currie *EH14*	47	AP20
Avenue, The, Gore. *EH23*	68	BX34
Avenue Rd, Dalk. *EH22*	54	BV25
Avenue Rd (Cock.), Pres. *EH32*	17	CL8
Avenue Vil *EH4*	24	BB9
Avon Gro *EH4*	21	AQ7
Avon Gro, Pen. *EH26*	67	BC37
Avon Pl *EH4*	21	AQ7
Avon Rd *EH4*	21	AQ7
Avondale Pl *EH3*	24	BD9
Ayres Wynd **6**, Pres. *EH32*	16	CH10

B

Baberton Av, Jun. Grn *EH14*	48	AT21
Baberton Cres, Jun. Grn *EH14*	48	AT21
Baberton Ln, Jun. Grn *EH14*	48	AT22
Baberton Mains Av *EH14*	48	AT20
Baberton Mains Bk *EH14*	48	AT20
Baberton Mains Brae *EH14*	48	AS20
Baberton Mains Ct *EH14*	48	AT20
Baberton Mains Cres *EH14*	48	AT20
Baberton Mains Dell *EH14*	48	AS20
Baberton Mains Dr *EH14*	48	AS20
Baberton Mains Gdns *EH14*	38	AS19
Baberton Mains Grn *EH14*	48	AT20
Baberton Mains Gro *EH14*	48	AT20
Baberton Mains Hill *EH14*	38	AS19
Baberton Mains Lea *EH14*	48	AS20
Baberton Mains Ln *EH14*	48	AU20
Baberton Mains Pk *EH14*	48	AT20
Baberton Mains Pl *EH14*	48	AT20
Baberton Mains Ri *EH14*	48	AS20

Baberton Mains Row   48 AT20
EH14
Baberton Mains Ter EH14   48 AT20
Baberton Mains Vw EH14   48 AT20
Baberton Mains Way EH14 48 AS20
Baberton Mains Wd EH14 48 AS20
Baberton Mains Wynd   48 AT20
EH14
Baberton Pk, Jun.   48 AT21
Grn EH14
Baberton Rd, Currie EH14   47 AR20
Baberton Sq, Jun.   48 AT21
Grn EH14
Back Dean EH4   24 BB11
Back Sta Rd 2 EH16   26 BM15
Backdean Rd, Dalk. EH22   43 BQ19
Backlee EH16   51 BH21
Baileyfield Cres EH15   27 BQ11
Baileyfield Rd EH15   27 BP10
Bailie Gro EH15   27 BR13
Bailie Path EH15   27 BQ13
Bailie Pl EH15   27 BR13
Bailie Ter EH15   27 BQ13
Baird Av EH12   23 AY13
Baird Dr EH12   39 AY14
Baird Gdns EH12   23 AY13
Baird Gro EH12   23 AY13
Baird Rd (Ratho),   35 AF15
Newbr. EH28
Baird Ter EH12   23 AY13
Baird's Way, Bonny. EH19   62 BT29
Bakehouse Cl EH8   5 BG11
Baker's Pl 1 EH3   24 BD9
Balbirnie Pl EH12   24 BA12
Balcarres Ct EH10   40 BC17
Balcarres Pl, Muss. EH21   29 BZ12
Balcarres Rd, Muss. EH21   29 BZ12
Balcarres St EH10   40 BC17
Balderston Gdns EH16   42 BK18
Balderston Gdns N EH16   42 BK18
Baldwin Ct, Pen. EH26   66 BA39
Balfour Pl EH6   13 BG7
Balfour Sq, Tran. EH33   33 CM13
Balfour St EH6   13 BH7
Balfour Ter, Pen. EH26   64 BD34
Balfron Ln EH4   22 AS10
Balgreen Av EH12   23 AW13
Balgreen Gdns EH12   23 AW13
Balgreen Pk EH12   23 AW13
Balgreen Rd EH11   39 AY15
Balgreen Rd EH12   39 AY14
Ballantyne La 1 EH6   13 BH6
Ballantyne Rd EH6   13 BH6
Balm Well Av EH16   52 BK22
Balm Well Gro EH16   52 BK22
Balm Well Ter EH16   52 BJ22
Balmoral Pl EH3   24 BD9
Balmwell Pk 1 EH16   52 BK22
Baltic St EH6   14 BJ6
Bangholm Av EH5   12 BD6
Bangholm Bower Av EH5   12 BD6
Bangholm Gro EH5   13 BE6
Bangholm Ln EH5   13 BE6
Bangholm Pk EH5   12 BD6
Bangholm Pl EH5   12 BD6
Bangholm Ter EH3   12 BD7
Bangholm Vw EH5   13 BE6
Bangor Rd EH6   13 BG6
Bank St EH1   5 BF11

Bank St, Pen. EH26   66 BA39
Bankhead Av EH11   38 AS16
Bankhead Bdy EH11   37 AR16
Bankhead Crossway   37 AR16
N EH11
Bankhead Crossway   37 AR17
S EH11
Bankhead Dr EH11   38 AS16
Bankhead Gro (Dalm.),   7 AF2
S Q'fry EH30
Bankhead Ind Est EH11   38 AS16
Bankhead Ln EH11   38 AS17
Bankhead Medway EH11   38 AS16
Bankhead Pl EH11   38 AS16
Bankhead Rd (Dalm.),   7 AG2
S Q'fry EH30
Bankhead St EH11   38 AS17
Bankhead Ter EH11   37 AR17
Bankhead Way EH11   37 AR17
Bankmill, Pen. EH26   67 BB39
Bankmill Vw 1,   67 BB39
Pen. EH26
Bankpark Brae, Tran. EH33 32 CK12
Bankpark Cres, Tran. EH33 33 CL12
Bankpark Gro, Tran. EH33 33 CL12
Bankton Ct, Tran. EH33   33 CM13
Bankton Ter, Pres. EH32 16 CK10
Barclay Pl EH10   4 BD13
Barclay Ter EH10   40 BD14
Barley Ct (Easth.),   55 BZ27
Dalk. EH22
Barleyknowe Cres,   68 BY34
Gore. EH23
Barleyknowe Gdns,   63 BY33
Gore. EH23
Barleyknowe La,   68 BY34
Gore. EH23
Barleyknowe Pl,   68 BY34
Gore. EH23
Barleyknowe Rd,   63 BY33
Gore. EH23
Barleyknowe St,   63 BY33
Gore. EH23
Barleyknowe Ter,   68 BY34
Gore. EH23
Barn Pk EH14   48 AU20
Barn Pk Cres EH14   38 AU19
Barnshot Rd EH13   49 AX21
Barntalloch Ct 10 EH12   21 AR12
Barnton Av EH4   10 AU7
Barnton Av W EH4   21 AR7
Barnton Brae EH4   21 AR7
Barnton Ct EH4   21 AR8
Barnton Gdns EH4   10 AU7
Barnton Gro EH4   21 AR8
Barnton Ln EH4   10 AU7
Barnton Pk EH4   10 AU7
Barnton Pk Av EH4   22 AS8
Barnton Pk Cres EH4   22 AS8
Barnton Pk Dell EH4   22 AT8
Barnton Pk Dr EH4   22 AS8
Barnton Pk Gdns EH4   22 AS8
Barnton Pk Gro EH4   22 AS8
Barnton Pk Pl EH4   22 AT8
Barnton Pk Vw EH4   21 AR8
Barnton Pk Wd EH4   21 AR8
Barntongate Av EH4   21 AR9
Barntongate Dr EH4   21 AR9
Barntongate Ter EH4   21 AR9
Baronscourt Rd EH8   26 BL10

Baronscourt Ter EH8   26 BM10
Barony Pl 17 EH3   25 BF9
Barony St EH3   25 BF9
Barony Ter EH12   22 AT12
Barracks St (Port S.),   17 CM7
Pres. EH32
Bath Pl 10 EH15   27 BR10
Bath Rd EH6   14 BK6
Bath St EH15   27 BR11
Bath St La EH15   27 BR11
Bathfield EH6   13 BG5
Bavelaw Cres, Pen. EH26 66 AZ37
Bavelaw Gdns, Bal. EH14 56 AL26
Bavelaw Grn, Bal. EH14   56 AL25
Bavelaw Rd, Bal. EH14   56 AL26
Baxter's Pl 1 EH1   5 BG10
Bayview 4 (Port S.),   17 CM7
Pres. EH32
Beach La EH15   27 BQ11
Beach La, Muss. EH21   29 BX12
Beauchamp Gro EH16   42 BJ19
Beauchamp Rd EH16   42 BJ19
Beaufort Rd EH9   41 BF15
Beaverbank Business Pk 25 BE8
EH7
Beaverbank Pl EH7   25 BF8
Beaverhall Rd EH7   25 BF8
Bedford Ct EH4   24 BC9
Bedford St EH4   24 BC9
Bedford Ter EH15   28 BS11
Beech Gro Av, Dalk. EH22 54 BT26
Beech Ln, Bonny. EH19   61 BR29
Beech Pl, Pen. EH26   67 BB39
Beeches, The (Newt.),   55 BW28
Dalk. EH22
Beechgrove Rd (Mayf.), 69 CA29
Dalk. EH22
Beechmount Cres EH12   23 AX12
Beechmount Pk EH12   23 AX13
Beechwood Mains EH12   23 AX12
Beechwood Pk (Newt.),   63 BX29
Dalk. EH22
Beechwood Ter EH6   14 BK8
Belford Av EH4   24 BA10
Belford Br EH4   24 BB11
Belford Gdns EH4   24 BA10
Belford Ms EH4   24 BB11
Belford Pk EH4   24 BB11
Belford Pl EH4   24 BA11
Belford Rd EH4   24 BB11
Belford Ter 1 EH4   24 BB11
Belgrave Cres EH4   24 BB10
Belgrave Cres La EH4   24 BB10
Belgrave Gdns EH12   22 AU12
Belgrave Ms EH4   24 BB10
Belgrave Pl EH4   24 BB10
Belgrave Rd EH12   22 AU12
Belgrave Ter EH12   22 AU13
Belhaven Pl EH10   40 BC17
Belhaven Ter EH10   40 BC17
Bell Pl EH3   24 BD9
Bellenden Gdns EH16   42 BL18
Bellerophon Dr,   67 BB39
Pen. EH26
Bellevue EH7   25 BF9
Bellevue Cres EH3   25 BF9
Bellevue Gdns EH7   25 BF8
Bellevue Gro EH7   25 BF9
Bellevue La EH7   25 BF9
Bellevue Pl EH7   25 BF9

Bellevue Rd *EH7*	25	BF9
Bellevue St *EH7*	25	BF9
Bellevue Ter *EH7*	25	BF8
Bellfield Av, Dalk. *EH22*	54	BU25
Bellfield Av, Muss. *EH21*	29	BX13
Bellfield Ct, Muss. *EH21*	29	BX14
Bellfield La *EH15*	27	BR11
Bellfield Sq 1, Pres. *EH32*	32	CG11
Bellfield St *EH15*	27	BR11
Bellfield Ter *EH15*	27	BR11
Bellfield Vw 1, Bonny. *EH19*	54	BT27
Bellman's Rd, Pen. *EH26*	66	BA37
Bells Brae *EH4*	4	BC11
Bell's Mills *EH4*	24	BB11
Bell's Wynd 2 *EH1*	5	BF11
Bellsmains, Gore. *EH23*	68	BY38
Belmont Av *EH12*	23	AX12
Belmont Cres *EH12*	23	AX12
Belmont Gdns *EH12*	23	AX12
Belmont Pk *EH12*	23	AX12
Belmont Rd, Jun. Grn *EH14*	48	AS21
Belmont Ter *EH12*	23	AX12
Belmont Vw *EH12*	23	AX12
Belvedere Pk *EH6*	13	BE5
Belwood Cres (Milt.Br), Pen. *EH26*	64	BD34
Belwood Rd (Milt.Br), Pen. *EH26*	64	BA34
Beresford Av *EH5*	13	BE5
Beresford Gdns *EH5*	13	BE5
Beresford Pl *EH5*	12	BD6
Beresford Ter *EH5*	12	BD6
Bernard St *EH6*	14	BJ5
Bernard Ter *EH8*	5	BG13
Beulah, Muss. *EH21*	30	CA13
Bevan Lee Ct, Dalk. *EH22*	55	BX23
Bevan Rd 2 (Mayf.), Dalk. *EH22*	63	BZ30
Beveridge Av (Mayf.), Dalk. *EH22*	69	CA31
Beveridge Cl (Mayf.), Dalk. *EH22*	69	CA30
Big Brae, Bonny. *EH19*	53	BR26
Biggar Rd *EH10*	50	BD22
Biggar Rd (Silv.), Pen. *EH26*	64	BB32
Bilston Cotts, Ros. *EH25*	59	BG29
Bilston Glen Ind Est, Lnhd *EH20*	60	BJ28
Bingham Av *EH15*	27	BP14
Bingham Bdy *EH15*	27	BP14
Bingham Cres *EH15*	27	BQ14
Bingham Crossway *EH15*	27	BP14
Bingham Dr *EH15*	27	BQ14
Bingham Medway *EH15*	27	BP14
Bingham Pl *EH15*	27	BP14
Bingham St *EH15*	27	BP14
Bingham Way *EH15*	27	BP14
Birch Ct *EH4*	21	AR9
Birch Cres, Lnhd *EH20*	59	BH28
Birkenside, Gore. *EH23*	68	BZ36
Birnies Ct *EH4*	11	AW6
Birsley Brae, Tran. *EH33*	32	CJ13
Birsley Rd. Tran. *EH33*	33	CL13
Blackadder Pl *EH5*	12	BA5
Blackbarony Rd *EH16*	42	BJ17
Blackburn Crag *EH17*	42	BM19
Blackchapel Cl *EH15*	27	BR15
Blackchapel Rd *EH15*	27	BR15
Blackcot Av (Mayf.), Dalk. *EH22*	63	BZ30
Blackcot Dr (Mayf.), Dalk. *EH22*	63	BZ30
Blackcot Pl 1 (Mayf.), Dalk. *EH22*	63	BZ29
Blackcot Rd (Mayf.), Dalk. *EH22*	63	BZ30
Blacket Av *EH9*	41	BH14
Blacket Pl *EH9*	41	BH14
Blackford Av *EH9*	41	BF16
Blackford Bk *EH9*	41	BF16
Blackford Gate *EH9*	41	BE16
Blackford Glen Cotts *EH16*	42	BJ18
Blackford Glen Rd *EH16*	41	BG18
Blackford Hill *EH9*	41	BF17
Blackford Hill Gro *EH9*	41	BF17
Blackford Hill Ri *EH9*	41	BF17
Blackford Hill Vw *EH9*	41	BF17
Blackford Rd *EH9*	41	BE15
Blackfriars St *EH1*	5	BG11
Blackie Rd *EH6*	14	BK7
Blackthorn Ct *EH4*	21	AR9
Blackwood Cres *EH9*	41	BG14
Blaeberry Gdns *EH4*	21	AR9
Blair St *EH1*	5	BF11
Blandfield *EH7*	25	BF8
Blantyre Ter *EH10*	40	BC15
Blawearie Rd, Tran. *EH33*	33	CM14
Bleachfield *EH6*	13	BF7
Blenheim Ct, Pen. *EH26*	64	BC35
Blenheim Pl *EH7*	5	BG10
Blinkbonny Av *EH4*	23	AZ10
Blinkbonny Cres *EH4*	23	AY10
Blinkbonny Gdns *EH4*	23	AZ10
Blinkbonny Gro *EH4*	23	AZ10
Blinkbonny Gro W *EH4*	23	AZ10
Blinkbonny Rd *EH4*	23	AZ10
Blinkbonny Rd, Currie *EH14*	47	AR23
Blinkbonny Ter *EH4*	23	AY10
Boat Grn *EH3*	25	BE8
Bog Rd, Pen. *EH26*	66	BA38
Bogpark Rd, Muss. *EH21*	29	BW13
Bogsmill Rd *EH14*	39	AX18
Bogwood Ct (Mayf.), Dalk. *EH22*	55	BZ28
Bogwood Rd (Mayf.), Dalk. *EH22*	55	BZ28
Bonaly Av *EH13*	49	AW22
Bonaly Brae *EH13*	49	AW22
Bonaly Cotts *EH13*	49	AW22
Bonaly Cres *EH13*	49	AX22
Bonaly Dr *EH13*	49	AW22
Bonaly Gdns *EH13*	49	AX22
Bonaly Gro *EH13*	49	AW22
Bonaly Ri *EH13*	49	AX22
Bonaly Rd *EH13*	49	AW21
Bonaly Steading 3 *EH13*	49	AW22
Bonaly Ter *EH13*	49	AX22
Bonaly Wester *EH13*	49	AW22
Bonar Pl *EH6*	13	BF6
Bo'ness Rd, S Q'fry *EH30*	6	AB2
Bonnington Av *EH6*	13	BF6
Bonnington Gait 1 *EH6*	13	BG7
Bonnington Gro *EH6*	13	BF6
Bonnington Ind Est *EH6*	13	BG7
Bonnington Rd *EH6*	13	BG7
Bonnington Rd La *EH6*	13	BG7
Bonnington Ter *EH6*	13	BF6
Bonnybank Ct, Gore. *EH23*	68	BZ35
Bonnybank Rd, Gore. *EH23*	68	BZ35
Bonnyhaugh *EH6*	13	BF7
Bonnyhaugh La *EH6*	13	BF7
Bonnyrigg Rd, Dalk. *EH22*	54	BU26
Boothacre Cotts 2 *EH6*	14	BL7
Boothacre La *EH6*	14	BL7
Boroughloch *EH8*	5	BG13
Boroughloch Sq *EH8*	5	BG13
Borthwick Pl *EH12*	24	BA12
Borthwick Vw, Lnhd *EH20*	60	BJ28
Borthwick's Cl 3 *EH1*	5	BF11
Boswall Av *EH5*	12	BB6
Boswall Cres *EH5*	12	BB6
Boswall Dr *EH5*	12	BB5
Boswall Gdns *EH5*	12	BB6
Boswall Grn *EH5*	12	BC6
Boswall Gro *EH5*	12	BB6
Boswall Ln *EH5*	12	BB5
Boswall Ms *EH5*	12	BB5
Boswall Parkway *EH5*	12	BA5
Boswall Pl *EH5*	12	BB6
Boswall Quad *EH5*	12	BB6
Boswall Rd *EH5*	12	BC5
Boswall Sq *EH5*	12	BB6
Boswall Ter *EH5*	12	BB6
Bothwell St *EH7*	25	BH9
Boundary Rd E (Ricc.), Currie *EH14*	47	AP19
Boundary Rd W (Ricc.), Currie *EH14*	47	AN19
Bowhill Ter *EH3*	12	BD7
Bowie's Cl 8 *EH6*	14	BJ6
Bowling Grn, The *EH6*	13	BH6
Bowling Grn Rd, K'lis. *EH29*	18	AC9
Bowling La 22 *EH6*	13	BH6
Bowmont Pl *EH8*	5	BG13
Boyd-Orr Dr, Pen. *EH26*	64	BB35
Boyd's Entry 2 *EH1*	5	BG11
Boy's Brigade Wk *EH3*	5	BF13
Brae, The (Auch.), Pen. *EH26*	65	BE34
Brae Pk *EH4*	21	AQ7
Braeburn Dr, Currie *EH14*	47	AR23
Braefoot Ter *EH16*	42	BJ18
Braehead Av *EH4*	21	AQ8
Braehead Bk *EH4*	21	AQ8
Braehead Cres *EH4*	21	AQ8
Braehead Dr *EH4*	21	AQ8
Braehead Gro *EH4*	21	AQ8
Braehead Ln *EH4*	21	AQ8
Braehead Pk *EH4*	21	AQ8
Braehead Rd *EH4*	21	AQ8
Braehead Row 1 *EH4*	21	AR10
Braehead Vw *EH4*	21	AQ8
Braepark Rd *EH4*	21	AQ7
Braeside Rd, Lnhd *EH20*	52	BM27
Braeside Rd N, Gore. *EH23*	68	BZ35
Braeside Rd S, Gore. *EH23*	68	BZ36
Braid Av *EH10*	40	BD18
Braid Cres *EH10*	40	BC18
Braid Fm Rd *EH10*	40	BC18
Braid Hills App *EH10*	40	BD19
Braid Hills Av *EH10*	40	BC18

Braid Hills Cres *EH10*   40   BC19
Braid Hills Dr *EH10*   41   BE18
Braid Hills Dr *EH16*   41   BF19
Braid Hills Rd *EH10*   40   BC19
Braid Mt *EH10*   40   BC19
Braid Mt Crest *EH10*   40   BD19
Braid Mt Ri *EH10*   40   BD19
Braid Mt Vw *EH10*   40   BD19
Braid Rd *EH10*   40   BC18
Braidburn Cres *EH10*   40   BC18
Braidburn Ter *EH10*   40   BC18
Braidlaw Pk, Pen. *EH26*   66   AY38
Bramble Dr *EH4*   21   AR9
Bramdean Gro *EH10*   40   BD19
Bramdean Pl *EH10*   40   BD19
Bramdean Ri *EH10*   40   BD19
Bramdean Vw *EH10*   40   BD19
Brand Dr *EH15*   27   BR13
Brand Gdns *EH15*   28   BS12
Brandfield St *EH3*   4   BC13
Brandon St *EH3*   25   BE9
Brandon Ter *EH3*   25   BE9
Bread St *EH3*   4   BD12
Bread St La *EH3*   4   BD12
Breadalbane St *EH6*   13   BG6
Breadalbane Ter **16** *EH11*   4   BC12
Breck Ter, Pen. *EH26*   64   BC35
Brewery Cl, S Q'fry *EH30*   6   AD2
Brewery La **2** *EH6*   13   BH6
Briarbank Ter *EH11*   40   BA15
Brickfield **12** *EH15*   27   BQ10
Brickworks Rd, Tran. *EH33*   32   CK12
Bridge End *EH16*   42   BK16
Bridge Pl *EH3*   24   BC9
Bridge Rd *EH13*   49   AW21
Bridge Rd, Bal. *EH14*   56   AL25
Bridge St *EH15*   27   BQ10
Bridge St, Muss. *EH21*   29   BY13
Bridge St, Newbr. *EH28*   34   AB13
Bridge St, Pen. *EH26*   67   BB39
Bridge St, Tran. *EH33*   33   CL13
Bridge St La **6** *EH15*   27   BQ10
Bridgend **1**, Dalk. *EH22*   54   BV23
Bridgend Ct, Dalk. *EH22*   54   BV23
Briery Bauks *EH8*   5   BG12
Bright Ter **19** *EH11*   4   BC12
Brighton Pl *EH15*   27   BQ11
Brighton St *EH1*   5   BF12
Bright's Cres *EH9*   41   BH15
Bristo Pl *EH1*   5   BF12
Bristo Port *EH1*   5   BF12
Bristo Sq *EH8*   5   BF12
Britwell Cres *EH7*   26   BM10
Brixwold Bk, Bonny. *EH19*   62   BT29
Brixwold Dr, Bonny. *EH19*   62   BT29
Brixwold Neuk, Bonny. *EH19*   62   BT29
Brixwold Pk, Bonny. *EH19*   62   BT29
Brixwold Ri, Bonny. *EH19*   62   BT29
Brixwold Vw, Bonny. *EH19*   62   BT29
Broad Wynd **7** *EH6*   14   BJ6
Broadhurst Rd (Easth.), Dalk. *EH22*   55   BY28
Broadway Pk *EH12*   37   AR15
Brockwood Av, Pen. *EH26*   66   AY37
Brookfield Ter (Bils.), Ros. *EH25*   59   BG29
Broombank Ter *EH12*   38   AT15
Broomburn Gro *EH12*   38   AU14
Broomfield Cres *EH12*   38   AU15

Broomfield Ter *EH12*   38   AU14
Broomhall Av *EH12*   38   AT14
Broomhall Bk *EH12*   38   AT14
Broomhall Cres *EH12*   38   AT14
Broomhall Dr *EH12*   38   AS14
Broomhall Gdns *EH12*   38   AT14
Broomhall Ln *EH12*   38   AT14
Broomhall Pk *EH12*   38   AT14
Broomhall Pl *EH12*   38   AT14
Broomhall Rd *EH12*   38   AT14
Broomhall Ter *EH12*   38   AS14
Broomhill Av, Pen. *EH26*   66   BA39
Broomhill Dr, Dalk. *EH22*   54   BU25
Broomhill Pk, Dalk. *EH22*   54   BU26
Broomhill Rd, Pen. *EH26*   66   BA39
Broomhouse Av *EH11*   38   AT16
Broomhouse Bk *EH11*   38   AU16
Broomhouse Cotts E *EH11*   38   AU16
Broomhouse Cotts W *EH11*   38   AT16
Broomhouse Ct *EH11*   38   AU16
Broomhouse Cres *EH11*   38   AU16
Broomhouse Dr *EH11*   38   AT15
Broomhouse Gdns *EH11*   38   AU15
Broomhouse Gdns E *EH11*   38   AU15
Broomhouse Gdns W *EH11*   38   AT15
Broomhouse Gro *EH11*   38   AU16
Broomhouse Ln *EH11*   38   AU16
Broomhouse Mkt *EH11*   38   AU16
Broomhouse Medway *EH11*   38   AU15
Broomhouse Pk *EH11*   38   AT16
Broomhouse Path *EH11*   38   AT16
Broomhouse Pl N *EH11*   38   AT16
Broomhouse Pl S *EH11*   38   AU16
Broomhouse Rd *EH11*   38   AT16
Broomhouse Rd *EH12*   38   AT15
Broomhouse Row *EH11*   38   AV15
Broomhouse Sq *EH11*   38   AU16
Broomhouse St N *EH11*   38   AT16
Broomhouse St S *EH11*   38   AU17
Broomhouse Ter *EH11*   38   AU15
Broomhouse Wk *EH11*   38   AU16
Broomhouse Way *EH11*   38   AU16
Broomhouse Wynd *EH11*   38   AU16
Broomieknowe, Lass. *EH18*   53   BQ27
Broomieknowe Gdns, Bonny. *EH19*   53   BR27
Broomieknowe Pk, Bonny. *EH19*   53   BR26
Broomlea Cres *EH12*   38   AT14
Broompark Rd *EH12*   38   AU14
Broomside Ter *EH12*   38   AU15
Broomview Ho *EH11*   38   AT17
Broomyknowe *EH14*   39   AX19
Brougham Pl *EH3*   4   BE13
Brougham St *EH3*   4   BD13
Broughton Mkt *EH3*   25   BF9
Broughton Pl *EH1*   25   BF9
Broughton Pl La *EH1*   25   BF9
Broughton Rd *EH7*   25   BF8
Broughton St *EH1*   25   BF9
Broughton St La *EH1*   5   BF10
Brown St *EH8*   5   BG12
Brown St La **32** *EH8*   5   BG12
Brown's Cl *EH8*   5   BH11

Brown's Pl **4** *EH1*   4   BE12
Bruce Gdns, Dalk. *EH22*   55   BX25
Bruce St *EH10*   40   BC17
Brunstane Bk *EH15*   28   BT13
Brunstane Cres *EH15*   28   BT13
Brunstane Dr *EH15*   28   BS13
Brunstane Gdns *EH15*   28   BS12
Brunstane Gdns, Pen. *EH26*   66   AZ37
Brunstane Gdns Ms **1** *EH15*   28   BS12
Brunstane Rd *EH15*   28   BS12
Brunstane Rd N *EH15*   28   BS11
Brunstane Rd S *EH15*   28   BS13
Brunswick Pl *EH7*   25   BG9
Brunswick Rd *EH7*   25   BG9
Brunswick St *EH7*   25   BG9
Brunswick St La *EH7*   25   BG9
Brunswick Ter **10** *EH7*   25   BH9
Brunton Ct, Muss. *EH21*   29   BY13
Brunton Gdns **2** *EH7*   25   BH9
Brunton Pl *EH7*   25   BH9
Brunton Ter *EH7*   25   BH9
Brunton's Cl, Dalk. *EH22*   55   BW24
Bruntsfield Av *EH10*   40   BD14
Bruntsfield Cres *EH10*   40   BD14
Bruntsfield Gdns *EH10*   40   BD15
Bruntsfield Pl *EH10*   40   BC15
Bruntsfield Ter *EH10*   40   BD14
Bryans Av (Newt.), Dalk. *EH22*   63   BX29
Bryans Rd (Newt.), Dalk. *EH22*   63   BW29
Bryce Av *EH7*   15   BP9
Bryce Cres, Currie *EH14*   47   AQ22
Bryce Gdns, Currie *EH14*   47   AQ22
Bryce Gro *EH7*   15   BP9
Bryce Pl, Currie *EH14*   47   AQ22
Bryce Rd, Currie *EH14*   47   AQ22
Bryson Rd *EH11*   40   BB14
Buccleuch Pl *EH8*   5   BF13
Buccleuch St *EH8*   5   BG13
Buccleuch St, Dalk. *EH22*   55   BW24
Buccleuch Ter *EH8*   5   BG13
Buchanan St *EH6*   25   BH8
Buckie Rd (Mayf.), Dalk. *EH22*   69   CA29
Buckingham Ter *EH4*   24   BB10
Buckstane Pk *EH10*   50   BC20
Buckstone Av *EH10*   50   BD21
Buckstone Bk *EH10*   50   BD20
Buckstone Circle *EH10*   51   BE21
Buckstone Cl *EH10*   51   BE21
Buckstone Ct *EH10*   50   BD21
Buckstone Cres *EH10*   50   BD20
Buckstone Crook *EH10*   51   BE22
Buckstone Dell *EH10*   50   BD20
Buckstone Dr *EH10*   50   BD20
Buckstone Gdns *EH10*   50   BD21
Buckstone Gate *EH10*   51   BE21
Buckstone Grn *EH10*   51   BE21
Buckstone Gro *EH10*   50   BD20
Buckstone Hill *EH10*   51   BE21
Buckstone Howe *EH10*   51   BE21
Buckstone Lea *EH10*   51   BE21
Buckstone Ln *EH10*   50   BD21
Buckstone Ln E *EH10*   51   BE21
Buckstone Neuk *EH10*   51   BE20
Buckstone Pl *EH10*   50   BD21
Buckstone Ri *EH10*   50   BD21

Name	Page	Grid
Buckstone Rd *EH10*	50	BD21
Buckstone Row *EH10*	51	BE21
Buckstone Shaw *EH10*	51	BE22
Buckstone Ter *EH10*	50	BD21
Buckstone Vw *EH10*	50	BD20
Buckstone Way *EH10*	50	BD20
Buckstone Wd *EH10*	50	BD21
Buckstone Wynd *EH10*	51	BE21
Bughtlin Dr *EH12*	21	AQ10
Bughtlin Gdns *EH12*	21	AQ11
Bughtlin Grn *EH12*	21	AQ10
Bughtlin Ln *EH12*	21	AQ11
Bughtlin Mkt *EH12*	21	AR11
Bughtlin Pk *EH12*	21	AR10
Bughtlin Pl *EH12*	21	AQ10
Bullyeon Rd, S Q'fry *EH30*	8	AA3
Bull's Cl **5** *EH8*	5	BH11
Burdiehouse Av *EH17*	52	BK23
Burdiehouse Cres *EH17*	52	BK23
Burdiehouse Crossway **2** *EH17*	52	BK23
Burdiehouse Dr *EH17*	52	BK24
Burdiehouse Ln *EH17*	52	BK23
Burdiehouse Medway *EH17*	52	BK23
Burdiehouse Pl *EH17*	52	BK23
Burdiehouse Rd *EH17*	52	BJ22
Burdiehouse Sq *EH17*	52	BJ24
Burdiehouse St *EH17*	52	BK23
Burdiehouse Ter *EH17*	52	BK23
Burgess Rd, S Q'fry *EH30*	6	AD2
Burgess St *EH6*	14	BJ6
Burgess Ter *EH9*	28	BJ15
Burghlee Cres, Lnhd *EH20*	60	BK28
Burghlee Ter, Lnhd *EH20*	60	BL28
Burghtoft *EH17*	53	BN22
Burlington St *EH6*	13	BH6
Burnbank, Lnhd *EH20*	52	BJ27
Burnbank Cres, Lnhd *EH20*	52	BJ26
Burnbank Gro, Lnhd *EH20*	52	BJ26
Burnbank Ter (Bils.), Ros. *EH25*	59	BG29
Burnbrae *EH12*	21	AQ11
Burndene Dr (Strait.), Lnhd *EH20*	59	BH26
Burnhead Cres *EH16*	42	BJ20
Burnhead Gro *EH16*	42	BK21
Burnhead Ln *EH16*	42	BK21
Burnhead Path E *EH16*	42	BK21
Burnhead Path W *EH16*	42	BK21
Burns St *EH6*	14	BJ7
Burnside *EH12*	21	AQ11
Burnside **3**, Pres. *EH32*	16	CG10
Burnside Av (Easth.), Dalk. *EH22*	55	BZ28
Burnside Cres (Easth.), Dalk. *EH22*	55	BZ28
Burnside Pk, Bal. *EH14*	56	AL26
Burnside Rd *EH12*	20	AJ11
Burnside Rd, Gore. *EH23*	68	BY34
Bush Ln, Pen. *EH26*	65	BE32
Bush St, Muss. *EH21*	29	BX12
Bush Ter **1**, Muss. *EH21*	29	BX13
Butlerfield Ind Est, Bonny. *EH19*	63	BW31

C

Name	Page	Grid
Cables Wynd *EH6*	13	BH6
Cables Wynd Ho *EH6*	13	BH6
Caddell's Row *EH4*	9	AR6
Cadell Pl (Cock.), Pres. *EH32*	17	CL7
Cadell Sq **3**, Tran. *EH33*	33	CM13
Cadiz St *EH6*	14	BJ6
Cadogan Rd *EH16*	42	BJ20
Cadzow Pl *EH7*	26	BJ10
Caerketton Av (Bils.), Ros. *EH25*	59	BG29
Caerketton Cotts *EH13*	40	BA19
Caerketton Ct *EH13*	50	BB20
Caerlaverock Ct **9** *EH12*	21	AR12
Caesar Rd, Tran. *EH33*	33	CL13
Caesar Way **1**, Tran. *EH33*	33	CL13
Caird's Row, Muss. *EH21*	29	BX12
Cairnbank Gdns, Pen. *EH26*	66	BA39
Cairnbank Rd, Pen. *EH26*	66	BA39
Cairnmuir Rd *EH12*	22	AU11
Cairns Dr, Bal. *EH14*	56	AK27
Cairns Gdns, Bal. *EH14*	56	AK27
Cairntows Cl *EH16*	26	BM15
Caithness Pl *EH5*	12	BD6
Caiyside *EH10*	50	BC23
Caiystane Av *EH10*	50	BC22
Caiystane Cres *EH10*	50	BC21
Caiystane Dr *EH10*	50	BB22
Caiystane Gdns *EH10*	50	BB21
Caiystane Hill *EH10*	50	BC21
Caiystane Ter *EH10*	50	BB22
Caiystane Vw *EH10*	50	BC22
Calder Ct *EH11*	38	AS17
Calder Cres *EH11*	37	AR18
Calder Dr *EH11*	38	AS18
Calder Gdns *EH11*	38	AS18
Calder Gro *EH11*	37	AR18
Calder Pk *EH11*	38	AS18
Calder Pl *EH11*	38	AS18
Calder Rd *EH11*	38	AV16
Calder Rd (Ratho), Newbr. *EH28*	46	AJ19
Calder Rd Gdns *EH11*	39	AW16
Calder Vw *EH11*	37	AR18
Caledonian Cres *EH11*	24	BB13
Caledonian Pl *EH11*	4	BC13
Caledonian Rd *EH11*	4	BC12
Calton Hill *EH1*	5	BG10
Calton Hill *EH7*	5	BG10
Calton Rd *EH8*	5	BG11
Cambridge Av *EH6*	25	BG8
Cambridge Gdns *EH6*	25	BG8
Cambridge St *EH1*	4	BD12
Cambridge St La **3** *EH1*	4	BD12
Cambusnethan St *EH7*	26	BK10
Cameron Br *EH16*	42	BK16
Cameron Cres *EH16*	42	BK16
Cameron Cres, Bonny. *EH19*	61	BP30
Cameron Ho Av *EH16*	26	BK15
Cameron March *EH16*	42	BJ16
Cameron Pk *EH16*	42	BK16
Cameron Smail Rd (Ricc.), Currie *EH14*	47	AN20
Cameron Ter *EH16*	42	BK16
Cameron Toll *EH16*	42	BK16
Cameron Toll Gdns *EH16*	42	BK16
Cameron Toll Shop Cen *EH16*	42	BJ16
Cammo Bk *EH4*	21	AQ9
Cammo Brae *EH4*	21	AQ9
Cammo Cres *EH4*	21	AQ9
Cammo Gdns *EH4*	21	AQ9
Cammo Gro *EH4*	21	AP9
Cammo Hill *EH4*	21	AP9
Cammo Parkway *EH4*	21	AQ9
Cammo Pl *EH4*	21	AQ9
Cammo Rd *EH4*	21	AP9
Cammo Rd *EH12*	21	AN9
Cammo Wk *EH4*	21	AP10
Camp Rd (Mayf.), Dalk. *EH22*	69	CA28
Camp Wd Vw (Mayf.), Dalk. *EH22*	69	CA30
Campbell Av *EH12*	23	AY12
Campbell Pk Cres *EH13*	48	AV21
Campbell Pk Dr *EH13*	48	AV21
Campbell Rd *EH12*	23	AY11
Campbell's Cl *EH8*	5	BH11
Campie Gdns, Muss. *EH21*	29	BX13
Campie Ho, Muss. *EH21*	29	BX13
Campie La, Muss. *EH21*	29	BX13
Campie Rd, Muss. *EH21*	29	BX13
Campview (Dand.), Dalk. *EH22*	43	BR20
Campview Av (Dand.), Dalk. *EH22*	43	BR20
Campview Cres (Dand.), Dalk. *EH22*	43	BR20
Campview Gdns (Dand.), Dalk. *EH22*	43	BR20
Campview Gro (Dand.), Dalk. *EH22*	44	BS20
Campview Rd, Bonny. *EH19*	61	BR28
Campview Ter (Dand.), Dalk. *EH22*	43	BR20
Camus Av *EH10*	50	BC21
Camus Pk *EH10*	50	BC21
Canaan La *EH9*	41	BE16
Canaan La *EH10*	41	BE16
Candlemaker Row *EH1*	5	BF12
Candlemaker's Cres *EH17*	43	BP20
Candlemaker's Pk *EH17*	43	BP21
Canmore St, S Q'fry *EH30*	6	AD3
Canning St *EH3*	4	BD11
Canning St La *EH3*	4	BC12
Cannon Wynd *EH6*	13	BG5
Canon Ct **3** *EH3*	25	BE8
Canon La *EH3*	25	BE9
Canon St *EH3*	25	BE9
Canongate *EH8*	5	BG11
Canonmills *EH3*	25	BE8
Canonmills Br **5** *EH3*	25	BE8
Capelaw Ct *EH13*	50	BB20
Capelaw Rd *EH13*	49	AW22
Caplaw Way, Pen. *EH26*	66	AX38
Caponhall Ct, Tran. *EH33*	33	CL14
Caponhall Dr, Tran. *EH33*	33	CL14
Caponhall Rd, Tran. *EH33*	33	CL14
Captain's Dr *EH16*	42	BK21
Captain's Ln *EH16*	42	BK21
Captain's Rd *EH17*	52	BK22
Captain's Row *EH16*	52	BK22
Carberry Cl (Inv.), Muss. *EH21*	30	CA16
Carberry Gro (Inv.), Muss. *EH21*	29	BZ16
Carberry Pl *EH12*	24	BA12

Carberry Rd (Inv.), Muss. EH21	29	BZ15
Carfrae Gdns EH4	23	AW9
Carfrae Gro EH4	23	AW9
Carfrae Pk EH4	23	AW9
Carfrae Rd EH4	23	AW9
Cargil Ct EH5	12	BC6
Cargil Ter EH5	12	BD6
Carlaverock Av, Tran. EH33	33	CM14
Carlaverock Cl, Tran. EH33	33	CN15
Carlaverock Ct, Tran. EH33	33	CN14
Carlaverock Cres, Tran. EH33	33	CM14
Carlaverock Dr, Tran. EH33	33	CM14
Carlaverock Gro, Tran. EH33	33	CM14
Carlaverock Ter, Tran. EH33	33	CN15
Carlaverock Vw, Tran. EH33	33	CM15
Carlaverock Wk, Tran. EH33	33	CM14
Carlops Av, Pen. EH26	66	BA37
Carlops Cres, Pen. EH26	66	BA37
Carlops Rd, Pen. EH26	66	AZ38
Carlowrie Av (Dalm.), S Q'fry EH30	7	AG4
Carlowrie Cres (Dalm.), S Q'fry EH30	7	AG4
Carlowrie Pl, Gore. EH23	68	BZ34
Carlton St EH4	4	BC10
Carlton Ter EH7	5	BH10
Carlton Ter Brae EH7	5	BH10
Carlton Ter La EH7	5	BH10
Carlton Ter Ms EH7	5	BH10
Carlyle Pl EH7	26	BJ10
Carlyle Pl, Muss. EH21	29	BY13
Carmel Av, K'lis. EH29	18	AC9
Carmel Rd, K'lis. EH29	18	AC10
Carmelite Rd, S Q'fry EH30	6	AD3
Carnbee Av EH16	42	BL21
Carnbee Cres EH16	42	BL21
Carnbee Dell 1 EH16	42	BL21
Carnbee End EH16	42	BL20
Carnbee Pk EH16	42	BL21
Carnegie Ct EH8	5	BG12
Carnegie St EH8	5	BG12
Carnethie St, Rose. EH24	61	BN33
Carnethy Av EH13	49	AW21
Carnethy Av, Pen. EH26	66	BA37
Carnethy Ct, Pen. EH26	67	BB38
Caroline Gdns EH12	22	AU12
Caroline Pk Av EH5	11	AZ4
Caroline Pk Gro EH5	11	AZ5
Caroline Pl EH12	22	AU12
Caroline Ter EH12	22	AT11
Carpet La EH6	14	BJ6
Carrick Cres (Easth.), Dalk. EH22	55	BY27
Carrick Knowe Av EH12	22	AV13
Carrick Knowe Dr EH12	38	AU14
Carrick Knowe Gdns EH12	38	AV14
Carrick Knowe Gro EH12	38	AV14
Carrick Knowe Hill EH12	38	AV14
Carrick Knowe Ln EH12	38	AU14
Carrick Knowe Parkway EH12	38	AU14
Carrick Knowe Pl EH12	38	AV14
Carrick Knowe Rd EH12	38	AU15
Carrick Knowe Ter EH12	38	AV14
Carrington Rd EH4	24	BA9
Carrington Rd, Bonny. EH19	62	BT31
Carron Pl EH6	14	BK6
Carrubber's Cl 5 EH1	5	BF11
Casselbank St EH6	13	BH7
Cassel's La EH6	13	BH7
Cast, The, Lass. EH18	60	BM29
Castle Av EH12	38	AT14
Castle Av, Gore. EH23	68	BY35
Castle Av (Port S.), Pres. EH32	17	CN7
Castle Pl, Gore. EH23	68	BY35
Castle Rd (Port S.), Pres. EH32	17	CN7
Castle Rd, Tran. EH33	32	CK15
Castle St EH2	4	BD11
Castle Ter EH1	4	BE12
Castle Ter EH3	4	BE12
Castle Ter (Port S.), Pres. EH32	17	CN7
Castle Vw, Gore. EH23	68	BY36
Castle Vw (Port S.), Pres. EH32	17	CN7
Castle Wk (Port S.), Pres. EH32	17	CN7
Castle Wynd N 41 EH1	4	BE12
Castle Wynd S 34 EH1	4	BE12
Castlehill EH1	4	BE11
Castlelaw Ct, Pen. EH26	67	BB37
Castlelaw Cres (Bils.), Ros. EH25	59	BG30
Castlelaw Rd EH13	49	AW21
Castleview Ho EH17	42	BM18
Cathcart Pl EH11	24	BB13
Cathedral La EH1	5	BF10
Catherine Pl EH3	25	BE8
Catriona Ter, Pen. EH26	64	BD34
Cattle Rd EH14	39	AX16
Causeway, The EH15	26	BL13
Causewayside EH9	41	BG14
Cavalry Pk Dr EH15	26	BM13
Cedar Dr (Port S.), Pres. EH32	17	CL8
Cedar Rd, Lnhd EH20	59	BH28
Cedars, The EH13	49	AX20
Cemetery Rd, Dalk. EH22	54	BV24
Chalmers Bldgs 2 EH3	4	BD13
Chalmers Cl 30 EH1	5	BG11
Chalmers Cres EH9	41	BF14
Chalmers St EH3	4	BE12
Chamberlain Rd EH10	40	BD15
Chambers St EH1	5	BF12
Champigny Ct, Muss. EH21	30	CA14
Chancelot Cres EH6	13	BE6
Chancelot Gro EH5	13	BE6
Chancelot Ter EH6	13	BF6
Chapel Ct EH16	27	BN15
Chapel La 2 EH6	14	BJ6
Chapel Ln, Ros. EH25	60	BJ32
Chapel St EH8	5	BG12
Chapel Wynd 7 EH1	4	BE12
Charles St EH8	5	BF12
Charles St, Pen. EH26	66	BA36
Charles St La EH8	5	BF12
Charlesfield 8 EH8	5	BF12
Charlotte La EH2	4	BD11
Charlotte Sq EH2	4	BD11
Charlton Gro, Ros. EH25	65	BH32
Charterhall Gro EH9	41	BF16
Charterhall Rd EH9	41	BF17
Chatterrig EH13	50	BB20
Cherry La (Mayf.), Dalk. EH22	69	CA29
Cherry Rd, Bonny. EH19	61	BR29
Cherry Tree Av, Bal. EH14	47	AN24
Cherry Tree Cres, Bal. EH14	46	AM24
Cherry Tree Cres, Currie EH14	46	AM24
Cherry Tree Gdns, Bal. EH14	46	AM24
Cherry Tree Gro, Bal. EH14	46	AM24
Cherry Tree Ln, Bal. EH14	47	AN24
Cherry Tree Pk, Bal. EH14	46	AM24
Cherry Tree Pl, Currie EH14	47	AN24
Cherry Tree Vw, Bal. EH14	47	AN24
Chessels Ct EH8	5	BG11
Chesser Av EH14	39	AX15
Chesser Cotts 1 EH11	39	AY15
Chesser Ct EH14	39	AX15
Chesser Cres EH14	39	AX16
Chesser Gdns EH14	39	AX15
Chesser Gro EH14	39	AX16
Chesser Ln EH14	39	AX16
Chester Ct, Bonny. EH19	61	BR29
Chester Dr (Mayf.), Dalk. EH22	63	BZ30
Chester Gro, Bonny. EH19	61	BR29
Chester St EH3	4	BC11
Chester Vw (Mayf.), Dalk. EH22	63	BZ30
Chesters Vw, Bonny. EH19	61	BR29
Chestnut Gro, Bonny. EH19	61	BR29
Chestnut Gro (Port S.), Pres. EH32	17	CM8
Chestnut St EH5	12	BA4
Cheyne St EH4	24	BC9
Chisholm Ter, Pen. EH26	67	BB36
Christian Cres EH15	27	BR12
Christian Gro EH15	27	BR12
Christian Path EH15	27	BQ11
Christiemiller Av EH7	15	BN9
Christiemiller Gro EH7	27	BN10
Christiemiller Pl EH7	15	BN9
Chuckie Pend EH3	4	BD12
Church Hill EH10	40	BD15
Church Hill Dr EH10	40	BD15
Church Hill Pl EH10	40	BD15
Church La, Muss. EH21	29	BY14
Church Rd, Lass. EH18	53	BP26
Church St, Lnhd EH20	60	BL28
Church St, Tran. EH33	33	CL12
Circle, The (Dand.), Dalk. EH22	43	BR19
Circus Gdns EH3	4	BD10
Circus La EH3	24	BD9
Circus Pl EH3	4	BD10
Citadel Ct EH6	13	BH5
Citadel Pl EH6	13	BH5
Citadel St 21 EH6	13	BH5
City of Edinburgh Bypass, The EH10	50	BA22
City of Edinburgh Bypass, The EH12	37	AP15
City of Edinburgh Bypass, The EH13	48	AU21

City of Edinburgh Bypass, The *EH14*	37	AR18
City of Edinburgh Bypass, The *EH17*	51	BH24
City of Edinburgh Bypass, The, Dalk. *EH22*	44	BV21
City of Edinburgh Bypass, The, Lass. *EH18*	53	BQ23
City of Edinburgh Bypass, The, Muss. *EH21*	44	BV21
Civic Sq **4**, Tran. *EH33*	33	CM13
Clackmae Gro *EH16*	41	BH19
Clackmae Rd *EH16*	41	BH19
Clapper La *EH16*	42	BJ17
Clarebank Cres *EH6*	14	BK7
Claremont Bk *EH7*	25	BF9
Claremont Ct *EH7*	25	BF8
Claremont Cres *EH7*	25	BF8
Claremont Gdns *EH6*	14	BK7
Claremont Gro *EH7*	25	BF8
Claremont Pk *EH6*	14	BK7
Claremont Rd *EH6*	14	BK7
Clarence St *EH3*	24	BD9
Clarendon Cres *EH4*	4	BC10
Clarinda Gdns, Dalk. *EH22*	55	BZ24
Clarinda Ter *EH16*	42	BJ18
Clark Av *EH5*	13	BE6
Clark Pl *EH5*	12	BD6
Clark Rd *EH5*	12	BD6
Claverhouse Dr *EH16*	42	BJ19
Clayhills Gro, Bal. *EH14*	56	AK26
Clayhills Pk, Bal. *EH14*	56	AK26
Clayknowes Av, Muss. *EH21*	29	BW14
Clayknowes Ct, Muss. *EH21*	29	BW15
Clayknowes Dr, Muss. *EH21*	28	BV14
Clayknowes Pl, Muss. *EH21*	28	BV14
Clayknowes Rd, Muss. *EH21*	29	BW14
Clayknowes Way, Muss. *EH21*	29	BW14
Clearburn Cres *EH16*	26	BK15
Clearburn Gdns *EH16*	26	BK15
Clearburn Rd *EH16*	26	BK15
Clearburn Rd, Gore. *EH23*	63	BX33
Cleekim Dr *EH15*	27	BR15
Cleekim Rd *EH15*	27	BR15
Cleikiminfield *EH15*	27	BR15
Cleikiminrig *EH15*	27	BR15
Cleric's Hill, K'lis. *EH29*	18	AC10
Clerk Rd, Pen. *EH26*	66	AZ38
Clerk St *EH8*	5	BG13
Clerk St, Lnhd *EH20*	52	BL27
Clermiston Av *EH4*	22	AT9
Clermiston Cres *EH4*	22	AT9
Clermiston Dr *EH4*	22	AT9
Clermiston Gdns *EH4*	22	AT10
Clermiston Grn *EH4*	22	AT9
Clermiston Gro *EH4*	22	AT10
Clermiston Hill *EH4*	22	AT9
Clermiston Ln *EH4*	22	AT9
Clermiston Medway *EH4*	22	AT9
Clermiston Pk *EH4*	22	AT9
Clermiston Pl *EH4*	22	AT10
Clermiston Rd *EH12*	22	AU13
Clermiston Rd N *EH4*	22	AU9
Clermiston Ter **1** *EH12*	22	AU12
Clermiston Vw *EH4*	22	AU10
Clerwood Bk *EH12*	22	AT11
Clerwood Gdns *EH12*	22	AT11
Clerwood Gro *EH12*	22	AU11
Clerwood Ln *EH12*	22	AT11
Clerwood Pk *EH12*	22	AT11
Clerwood Pl *EH12*	22	AU11
Clerwood Row *EH12*	22	AT11
Clerwood Ter *EH12*	22	AU11
Clerwood Vw *EH12*	22	AU11
Clerwood Way *EH12*	22	AT11
Clifton Rd, Newbr. *EH28*	34	AA16
Clifton Sq *EH15*	27	BQ11
Clifton Ter *EH12*	4	BC12
Clifton Trd Est, Newbr. *EH28*	34	AB15
Cliftonhall Rd, Newbr. *EH28*	34	AB15
Clinton Rd *EH9*	40	BD15
Clockmill La *EH8*	26	BK10
Clovenstone Dr *EH14*	48	AU20
Clovenstone Gdns *EH14*	38	AU18
Clovenstone Pk *EH14*	48	AU20
Clovenstone Rd *EH14*	38	AU18
Cloverfoot *EH16*	43	BQ17
Clufflat, S Q'fry *EH30*	6	AB1
Clufflat Brae, S Q'fry *EH30*	6	AB1
Cluny Av *EH10*	40	BD17
Cluny Dr *EH10*	40	BD17
Cluny Gdns *EH10*	40	BD17
Cluny Pl *EH10*	41	BE17
Cluny Ter *EH10*	40	BD16
Coal Neuk, Tran. *EH33*	33	CL13
Coal Neuk Ct, Tran. *EH33*	33	CL13
Coalgate Av, Tran. *EH33*	33	CN12
Coalgate Rd, Tran. *EH33*	33	CM12
Coalhill *EH6*	13	BH6
Coates Cres *EH3*	4	BC12
Coates Gdns *EH12*	24	BB12
Coates Pl *EH3*	4	BC12
Coatfield La *EH6*	14	BJ6
Cobbinshaw Ho *EH11*	38	AS18
Cobden Cres *EH9*	41	BH15
Cobden Rd *EH9*	41	BH15
Cobden Ter **18** *EH11*	4	BC12
Coburg St *EH6*	13	BH6
Cochran Pl *EH7*	25	BF9
Cochran Ter *EH7*	25	BF9
Cochrane Pl **1** *EH6*	14	BJ7
Cochrina Pl, Rose. *EH24*	60	BM33
Cockburn Cres, Bal. *EH14*	56	AL28
Cockburn St *EH1*	5	BF11
Cockburnhill Rd, Bal. *EH14*	56	AK27
Cockmylane *EH10*	50	BB21
Cockpen Av, Bonny. *EH19*	61	BQ30
Cockpen Cres, Bonny. *EH19*	61	BQ30
Cockpen Dr, Bonny. *EH19*	61	BQ30
Cockpen Pl **1**, Bonny. *EH19*	61	BQ30
Cockpen Rd, Bonny. *EH19*	62	BS29
Cockpen Ter, Bonny. *EH19*	61	BQ30
Cockpen Vw, Bonny. *EH19*	61	BQ30
Coffin La *EH11*	24	BB13
Coillesdene Av *EH15*	28	BT12
Coillesdene Cres *EH15*	28	BT12
Coillesdene Dr *EH15*	28	BT12
Coillesdene Gdns *EH15*	28	BT12
Coillesdene Gro *EH15*	28	BT12
Coillesdene Ln *EH15*	28	BU12
Coillesdene Ter *EH15*	28	BT12
Coinyie Ho Cl **18** *EH1*	5	BG11
Colinton Gro *EH14*	39	AZ17
Colinton Gro W *EH14*	39	AZ17
Colinton Mains Cres *EH13*	49	AZ21
Colinton Mains Dr *EH13*	39	AZ19
Colinton Mains Gdns *EH13*	39	AZ19
Colinton Mains Grn *EH13*	49	AZ20
Colinton Mains Gro *EH13*	50	BA20
Colinton Mains Ln *EH13*	49	AZ20
Colinton Mains Pl *EH13*	50	BA20
Colinton Mains Rd *EH13*	50	BA20
Colinton Mains Ter *EH13*	50	BA20
Colinton Rd *EH10*	40	BB16
Colinton Rd *EH13*	39	AY19
Colinton Rd *EH14*	40	BA16
College Wynd **9** *EH1*	5	BF12
Collins Pl *EH3*	24	BD9
Colmestone Gate *EH10*	50	BC21
Coltbridge Av *EH12*	23	AZ12
Coltbridge Gdns *EH12*	24	BA12
Coltbridge Millside *EH12*	24	BA12
Coltbridge Ter *EH12*	23	AZ12
Coltbridge Vale *EH12*	24	BA12
Columba Av *EH4*	23	AX9
Columba Rd *EH4*	23	AX9
Colville Pl *EH3*	24	BD9
Comely Bk *EH4*	24	BB9
Comely Bk Av *EH4*	24	BC9
Comely Bk Gro *EH4*	24	BB10
Comely Bk Pl *EH4*	24	BC9
Comely Bk Pl Ms **2** *EH4*	24	BC9
Comely Bk Rd *EH4*	24	BC9
Comely Bk Row *EH4*	24	BC9
Comely Bk St *EH4*	24	BB9
Comely Bk Ter *EH4*	24	BB9
Comely Grn Cres *EH7*	26	BJ10
Comely Grn Pl *EH7*	26	BJ10
Comiston Dr *EH10*	40	BB18
Comiston Gdns *EH10*	40	BC17
Comiston Gro *EH10*	50	BC20
Comiston Pl *EH10*	40	BD17
Comiston Ri *EH10*	50	BC20
Comiston Rd *EH10*	40	BC18
Comiston Springs Av *EH10*	50	BC20
Comiston Ter *EH10*	40	BC17
Comiston Vw *EH10*	50	BC20
Commercial St *EH6*	13	BH5
Commercial Wf **1** *EH6*	14	BJ5
Conference Sq *EH3*	4	BD12
Conifer Rd (Mayf.), Dalk. *EH22*	69	CA28
Connaught Pl *EH6*	13	BF6
Considine Gdns *EH8*	26	BL10
Considine Ter *EH8*	26	BL10
Constitution Pl *EH6*	14	BJ5
Constitution St *EH6*	14	BJ7
Convening Ct **1** *EH4*	4	BC11
Cook Cres (Mayf.), Dalk. *EH22*	63	BZ30
Cookies Wynd **4**, Pres. *EH32*	16	CG10
Cooper's Cl **23** *EH8*	5	BH11
Cope La (Port S.), Pres. *EH32*	17	CM7
Corbiehill Av *EH4*	23	AW8
Corbiehill Cres *EH4*	22	AV8

Name	Page	Grid
Corbiehill Gdns EH4	23	AW8
Corbiehill Gro EH4	23	AW8
Corbiehill Pk EH4	22	AV8
Corbiehill Pl EH4	22	AV8
Corbiehill Rd EH4	22	AV8
Corbiehill Ter EH4	22	AV8
Corbieshot EH15	27	BR14
Corbiewynd EH15	27	BR14
Cornhill Ter EH6	14	BK7
Cornwall St EH1	4	BD12
Cornwallis Pl EH3	25	BE9
Coronation Pl (Mayf.), Dalk. EH22	55	BZ28
Coronation Pl, Tran. EH33	33	CL13
Coronation Wk EH3	4	BE13
Corrennie Dr EH10	40	BD17
Corrennie Gdns EH10	40	BD18
Corrie Ct (Newt.), Dalk. EH22	63	BX31
Corslet Cres, Currie EH14	47	AR22
Corslet Pl, Currie EH14	47	AQ22
Corslet Rd, Currie EH14	47	AQ22
Corstorphine Bk Av EH12	22	AS12
Corstorphine Bk Dr EH12	22	AS12
Corstorphine Bk Ter EH12	22	AS12
Corstorphine High St EH12	22	AT13
Corstorphine Hill Av EH12	22	AU12
Corstorphine Hill Cres EH12	22	AU12
Corstorphine Hill Gdns EH12	22	AU12
Corstorphine Hill Rd EH12	22	AU12
Corstorphine Ho Av EH12	22	AU13
Corstorphine Ho Ter EH12	22	AU13
Corstorphine Pk Gdns EH12	22	AU13
Corstorphine Rd EH12	23	AW13
Cortleferry Dr, Dalk. EH22	54	BU26
Cortleferry Gro, Dalk. EH22	54	BU26
Cortleferry Pk, Dalk. EH22	54	BU26
Cortleferry Ter, Dalk. EH22	54	BU26
Corunna Pl EH6	13	BH6
Corunna Ter, Pen. EH26	64	BC35
Costkea Way, Lnhd EH20	52	BJ27
Cotlaws, K'lis. EH29	18	AB10
Cottage Grn EH4	21	AR7
Cottage Homes EH13	49	AX21
Cottage La, Muss. EH21	30	CA14
Cottage Pk EH4	23	AW10
County Rd, Pres. EH32	16	CG10
County Sq, Pres. EH32	16	CG10
Couper St EH6	13	BH5
Covenanters La, S O'fry EH30	6	AD2
Cowan Rd EH11	40	BA15
Cowan Ter, Pen. EH26	67	BB36
Cowan's Cl EH8	5	BG13
Cowden Cres, Dalk. EH22	55	BZ24
Cowden Gro, Dalk. EH22	55	BZ24
Cowden La, Dalk. EH22	55	BZ24
Cowden Pk, Dalk. EH22	55	BY24
Cowden Ter, Dalk. EH22	55	BZ24
Cowden Vw, Dalk. EH22	55	BZ24
Cowgate EH1	5	BF12
Cowgatehead EH1	5	BF12
Cowpits Ford Rd, Muss. EH21	29	BY16
Cowpits Rd (White.), Muss. EH21	45	BZ18
Coxfield EH11	39	AY15
Craigcrook Av EH4	23	AW9
Craigcrook Gdns EH4	23	AX10
Craigcrook Gro EH4	23	AW10
Craigcrook Pk EH4	23	AW10
Craigcrook Pl 3 EH4	23	AY9
Craigcrook Rd EH4	23	AX10
Craigcrook Sq EH4	23	AW9
Craigcrook Ter EH4	23	AX9
Craigend Pk EH16	42	BL18
Craigentinny Av EH7	27	BN10
Craigentinny Av N EH6	14	BM7
Craigentinny Cres EH7	27	BN10
Craigentinny Gro EH7	27	BN10
Craigentinny Pl EH7	27	BN10
Craigentinny Rd EH7	14	BM9
Craighall Av EH6	13	BE5
Craighall Bk EH6	13	BE5
Craighall Cres EH6	13	BE5
Craighall Gdns EH6	13	BE6
Craighall Rd EH6	13	BE5
Craighall Ter EH6	13	BE6
Craighall Ter, Muss. EH21	30	CB13
Craighill Gdns EH10	40	BB18
Craighouse Av EH10	40	BB17
Craighouse Gdns EH10	40	BB17
Craighouse Pk EH10	40	BB17
Craighouse Rd EH10	40	BB17
Craighouse Ter EH10	40	BB17
Craigiebield Cres, Pen. EH26	66	BA39
Craigievar Sq EH12	21	AR11
Craigievar Wynd EH12	21	AQ12
Craiglea Dr EH10	40	BB18
Craiglea Pl EH10	40	BB17
Craigleith Av N EH4	23	AY11
Craigleith Av S EH4	23	AY11
Craigleith Bk EH4	23	AY10
Craigleith Cres EH4	23	AY10
Craigleith Dr EH4	23	AY10
Craigleith Gdns EH4	23	AY10
Craigleith Gro EH4	23	AY10
Craigleith Hill EH4	23	AZ10
Craigleith Hill Av EH4	23	AZ9
Craigleith Hill Cres EH4	23	AZ9
Craigleith Hill Gdns EH4	23	AZ9
Craigleith Hill Grn EH4	23	AZ9
Craigleith Hill Gro EH4	23	AZ9
Craigleith Hill Ln EH4	23	AZ9
Craigleith Hill Pk EH4	23	AZ9
Craigleith Hill Row EH4	23	AZ9
Craigleith Retail Pk EH4	23	AZ9
Craigleith Ri EH4	23	AY11
Craigleith Rd EH4	23	AZ10
Craigleith Vw EH4	23	AZ11
Craiglockhart Av EH14	39	AY17
Craiglockhart Bk EH14	39	AY18
Craiglockhart Cres EH14	39	AY18
Craiglockhart Dell Rd EH14	39	AY17
Craiglockhart Dr N EH14	39	AY17
Craiglockhart Dr S EH14	39	AY19
Craiglockhart Gdns EH14	39	AY17
Craiglockhart Gro EH14	39	AY19
Craiglockhart Ln EH14	39	AY18
Craiglockhart Pk EH14	39	AY18
Craiglockhart Pl EH14	39	AZ17
Craiglockhart Quad EH14	39	AY18
Craiglockhart Rd EH14	39	AY19
Craiglockhart Rd N EH14	39	AZ17
Craiglockhart Ter EH14	40	BA17
Craiglockhart Vw EH14	39	AZ17
Craigmillar Castle Av EH16	42	BM16
Craigmillar Castle Gdns EH16	26	BM15
Craigmillar Castle Ln EH16	26	BM15
Craigmillar Castle Rd EH16	42	BM17
Craigmillar Ct EH16	42	BL16
Craigmillar Pk EH16	41	BH16
Craigmount App EH12	22	AS12
Craigmount Av EH12	22	AS12
Craigmount Av N EH12	21	AR10
Craigmount Av N EH12	22	AS11
Craigmount Bk EH4	21	AR10
Craigmount Bk W EH4	21	AR10
Craigmount Brae EH4	21	AR10
Craigmount Ct EH4	21	AR10
Craigmount Cres EH12	21	AR11
Craigmount Dr EH12	21	AR11
Craigmount Gdns EH12	21	AR12
Craigmount Gro EH12	21	AR12
Craigmount Gro N EH12	21	AR11
Craigmount Hill EH4	21	AR10
Craigmount Ln EH12	21	AR11
Craigmount Pk EH12	21	AR12
Craigmount Pl EH12	21	AR11
Craigmount Ter EH12	21	AR12
Craigmount Vw EH12	21	AR11
Craigmount Way EH12	22	AS10
Craigour Av EH17	43	BN19
Craigour Cres EH17	43	BN19
Craigour Dr EH17	42	BM18
Craigour Gdns EH17	43	BN19
Craigour Grn EH17	42	BM19
Craigour Gro EH17	43	BN19
Craigour Ln EH17	43	BN19
Craigour Pl EH17	42	BM19
Craigour Ter EH17	43	BN19
Craigpark Av (Ratho), Newbr. EH28	35	AE17
Craigpark Cres (Ratho), Newbr. EH28	35	AE17
Craigroyston Pl EH4	11	AW6
Craigs Av EH12	37	AR13
Craigs Bk EH12	21	AR12
Craigs Cres EH12	21	AR12
Craigs Dr EH12	21	AR12
Craigs Gdns EH12	21	AR12
Craigs Gro EH12	22	AS12
Craigs Ln EH12	22	AS12
Craigs Pk EH12	21	AR12
Craigs Rd EH12	21	AR12
Crame Ter, Dalk. EH22	54	BU25
Cramond Av EH4	9	AR5
Cramond Bk EH4	9	AR6
Cramond Br Cotts EH4	21	AP7
Cramond Brig Toll EH4	21	AP7
Cramond Cres EH4	9	AR6
Cramond Gdns EH4	9	AR6
Cramond Glebe Gdns EH4	10	AS5
Cramond Glebe Rd EH4	9	AR5
Cramond Glebe Ter EH4	9	AR5
Cramond Grn EH4	9	AR5
Cramond Gro EH4	9	AR6

Name	Page	Grid
Cramond New Br EH4	21	AP8
Cramond Pk EH4	9	AR6
Cramond Pl EH4	10	AS6
Cramond Regis EH4	21	AR7
Cramond Rd N EH4	10	AS5
Cramond Rd S EH4	10	AT6
Cramond Ter EH4	9	AR6
Cramond Vale EH4	9	AQ6
Cramond Village EH4	9	AR5
Cranston St EH8	5	BG11
Cranston St, Pen. EH26	66	BA38
Crarae Av EH4	23	AZ11
Craufurdland EH4	21	AQ8
Crawford Br 12 EH7	14	BJ9
Crawfurd Rd EH16	41	BH16
Crawlees Cotts (Newt.), Dalk. EH22	63	BY29
Crawlees Cres (Mayf.), Dalk. EH22	69	CA29
Crescent, The EH10	40	BC17
Crescent, The (Gowks.), Gore. EH23	63	BY32
Crewe Bk EH5	12	BA6
Crewe Cres EH5	11	AZ6
Crewe Gro EH5	12	BA6
Crewe Ln EH5	11	AZ6
Crewe Path EH5	11	AZ6
Crewe Pl EH5	11	AZ6
Crewe Rd Gdns EH5	11	AZ6
Crewe Rd N EH5	11	AZ6
Crewe Rd S EH4	11	AZ7
Crewe Rd W EH5	11	AZ6
Crewe Ter EH5	11	AZ6
Crewe Toll EH4	11	AZ7
Crichton St EH8	5	BF12
Crichton's Cl 25 EH8	5	BH11
Crighton Pl EH7	25	BH8
Croall Pl EH7	25	BG9
Crockett Gdns, Pen. EH26	66	AZ38
Croft St, Dalk. EH22	55	BW24
Croft St, Pen. EH26	66	BA39
Croft-an-righ EH8	5	BH10
Cromwell Pl EH6	13	BH5
Crookston Ct (Inv.), Muss. EH21	30	CA15
Crookston Rd (Inv.), Muss. EH21	29	BZ15
Cross Cotts 2, Pres. EH32	16	CJ10
Cross Rd, Lnhd EH20	59	BH27
Crosswood Av, Bal. EH14	56	AK27
Crosswood Cres, Bal. EH14	56	AK27
Crown Ct, Tran. EH33	33	CM13
Crown Pl EH6	13	BH7
Crown St EH6	13	BH7
Cruachan Ct, Pen. EH26	67	BC37
Crusader Dr, Ros. EH25	65	BH32
Cuddies Ln 2 EH13	49	AW21
Cuddy La EH10	40	BC16
Cuguen Pl, Lass. EH18	53	BR26
Cuiken Av, Pen. EH26	66	BA37
Cuiken Bk, Pen. EH26	66	AZ37
Cuiken Br, Pen. EH26	67	BB37
Cuiken Ter, Pen. EH26	66	AZ37
Cuikenburn, Pen. EH26	66	BA36
Cultins Rd EH11	37	AR16
Cumberland St EH3	25	BE9
Cumberland St N E La EH3	25	BE9
Cumberland St N W La EH3	25	BE9
Cumberland St S E La EH3	25	BE9
Cumberland St S W La EH3	25	BE9
Cumin Pl EH9	41	BG14
Cumlodden Av EH12	23	AY11
Cumnor Cres EH16	42	BJ18
Cunningham Pl 4 EH6	13	BH7
Curriehill Castle Dr, Bal. EH14	46	AM23
Curriehill Rd, Currie EH14	47	AP22
Currievale Dr, Currie EH14	47	AP22
Currievale Pk, Currie EH14	47	AN23
Currievale Pk Gro, Currie EH14	47	AN23

D

Name	Page	Grid
Daiches Braes EH15	28	BS13
Daisy Ter 3 EH11	40	BA15
Dalgety Av EH7	14	BK9
Dalgety Rd EH7	14	BK9
Dalgety St EH7	26	BK10
Dalhousie Av, Bonny. EH19	61	BQ29
Dalhousie Av W, Bonny. EH19	61	BP29
Dalhousie Cres, Dalk. EH22	54	BV26
Dalhousie Dr, Bonny. EH19	61	BQ29
Dalhousie Gdns. Bonny. EH19	61	BQ29
Dalhousie Pl, Bonny. EH19	61	BP29
Dalhousie Rd, Dalk. EH22	54	BV25
Dalhousie Rd E, Bonny. EH19	61	BQ29
Dalhousie Rd W, Bonny. EH19	61	BQ29
Dalhousie Ter EH10	40	BC17
Dalkeith Rd EH16	5	BH13
Dalkeith St EH15	28	BS12
Dalkeith Western Bypass, Dalk. EH22	54	BT26
Dalkeith Western Bypass, Lass. EH18	54	BT24
Dalmahoy Cres, Bal. EH14	46	AK24
Dalmahoy (Ratho), Newbr. EH28	35	AF17
Dalmeny Rd EH6	13	BF6
Dalmeny St EH6	25	BH8
Dalry Pl EH11	4	BC12
Dalry Rd EH11	24	BB12
Dalrymple Cres EH9	41	BG15
Dalrymple Cres, Muss. EH21	29	BW13
Dalrymple Ln, Muss. EH21	29	BY13
Dalton Ct (Mayf.), Dalk. EH22	69	CA30
Dalum Ct, Lnhd EH20	52	BJ27
Dalum Dr, Lnhd EH20	52	BJ27
Dalum Gro, Lnhd EH20	52	BJ27
Dalum Ln, Lnhd EH20	52	BJ27
Dalziel Pl 5 EH7	26	BJ10
Damhead Holdings EH10	59	BF27
Damside EH4	24	BB11
Danderhall Cres (Dand.), Dalk. EH22	43	BR20
Dania Ct EH11	38	AV15
Danube St EH4	4	BC10
D'Arcy Cres (Mayf.), Dalk. EH22	69	CB28
D'Arcy Rd (Mayf.), Dalk. EH22	69	CA29
D'Arcy Ter (Mayf.), Dalk. EH22	69	CA28
Darnaway St EH3	4	BD10
Darnell Rd EH5	12	BC6
David Scott Av (Mayf.), Dalk. EH22	69	CA28
Davidson Gdns EH4	23	AW8
Davidson Pk EH4	23	AZ8
Davidson Rd EH4	23	AZ8
Davie St EH8	5	BG12
Davies Row EH12	22	AT13
De Quincey Path, Lass. EH18	61	BN29
De Quincey Rd, Lass. EH18	61	BN29
Dean Bk La EH3	24	BD9
Dean Br EH3	4	BC10
Dean Br EH4	4	BC10
Dean Pk (Newt.), Dalk. EH22	63	BW30
Dean Pk Cres EH4	4	BC10
Dean Pk Ms EH4	24	BC9
Dean Pk Pl (Newt.), Dalk. EH22	63	BW30
Dean Pk St EH4	24	BC9
Dean Path EH4	4	BB10
Dean Path Bldgs 2 EH4	4	BC11
Dean Pl, Pen. EH26	66	AZ37
Dean Rd, Pen. EH26	66	AZ37
Dean St EH4	24	BC9
Dean Ter EH4	4	BC10
Deanbank Pl, Gore. EH23	68	BZ36
Deanburn, Pen. EH26	66	BA36
Deanery Cl 11 EH7	26	BL10
Deanhaugh St EH4	24	BD9
Deanpark Av, Bal. EH14	56	AK26
Deanpark Bk, Bal. EH14	56	AL26
Deanpark Brae, Bal. EH14	56	AL26
Deanpark Ct, Bal. EH14	56	AK27
Deanpark Ct 1 (Newt.), Dalk. EH22	63	BW30
Deanpark Cres, Bal. EH14	56	AL26
Deanpark Gdns, Bal. EH14	56	AL26
Deanpark Gro, Bal. EH14	56	AL26
Deanpark Pl, Bal. EH14	56	AL26
Deanpark Sq, Bal. EH14	56	AL26
Dechmont Rd EH12	21	AQ12
Delhaig EH11	39	AY15
Dell Rd EH13	49	AX20
Delta Av, Muss. EH21	30	CC14
Delta Cres, Muss. EH21	30	CC14
Delta Dr, Muss. EH21	30	CC13
Delta Gdns, Muss. EH21	30	CC14
Delta Pl (Inv.), Muss. EH21	29	BZ15
Delta Rd, Muss. EH21	30	CC14
Delta Vw, Muss. EH21	30	CC13
Denham Grn Av EH5	12	BD6
Denham Grn Pl EH5	12	BD6
Denham Grn Ter EH5	12	BD6
Denholm Av, Muss. EH21	28	BV15
Denholm Dr, Muss. EH21	29	BW15
Denholm Rd, Muss. EH21	28	BV14
Denholm Way, Muss. EH21	28	BV15
Dequincey Wk 11, Tran. EH33	33	CL14

Street		
Derby St *EH6*	13	BF5
Devon Pl *EH12*	24	BB12
Dewar Pl *EH3*	4	BC12
Dewar Pl La *EH3*	4	BC12
Dick Pl *EH9*	41	BF15
Dick Ter, Pen. *EH26*	67	BB37
Dickson Gro **6**, Bonny. *EH19*	62	BS29
Dickson St *EH6*	25	BH8
Dicksonfield *EH7*	25	BG9
Dickson's Cl **31** *EH1*	5	BG11
Dinmont Dr *EH16*	42	BK18
Distillery La *EH11*	24	BB12
Dobbie's Rd, Bonny. *EH19*	61	BQ28
Dobbie's Rd, Lass. *EH18*	61	BQ28
Dochart Dr *EH4*	22	AS10
Dock Pl *EH6*	13	BH5
Dock St *EH6*	13	BH5
Dolphin Av, Currie *EH14*	47	AP23
Dolphin Gdns E, Currie *EH14*	47	AP23
Dolphin Gdns W, Currie *EH14*	47	AP23
Dolphin Rd, Currie *EH14*	47	AN24
Doo'Cot Pl **1**, Pres. *EH32*	32	CJ11
Dorset Pl *EH11*	40	BC14
Double Dykes (Inv.), Muss. *EH21*	29	BZ15
Double Hedges Pk *EH16*	42	BJ18
Double Hedges Rd *EH16*	42	BJ18
Dougall Ct (Mayf.), Dalk. *EH22*	63	BZ30
Dougall Pl (Mayf.), Dalk. *EH22*	63	BZ30
Dougall Rd **3** (Mayf.), Dalk. *EH22*	63	BZ30
Douglas Cres *EH12*	24	BB11
Douglas Cres, Bonny. *EH19*	61	BR28
Douglas Gdns *EH4*	24	BB11
Douglas Gdns Ms **3** *EH4*	24	BB11
Douglas Ter **13** *EH11*	4	BC12
Doune Ter *EH3*	4	BD10
Dovecot Brae, Tran. *EH33*	33	CL12
Dovecot Gro *EH14*	39	AW18
Dovecot Ln *EH14*	39	AW18
Dovecot Pk *EH14*	39	AW19
Dovecot Rd *EH12*	38	AT14
Dowie's Mill Cotts *EH4*	21	AP7
Dowie's Mill La *EH4*	21	AP7
Downfield Pl *EH11*	24	BB13
Downie Gro *EH12*	22	AV13
Downie Pl, Muss. *EH21*	29	BY13
Downie Ter *EH12*	22	AV13
Downing Ct, Ros. *EH25*	60	BJ32
Dreghorn Av *EH13*	50	BA22
Dreghorn Cotts *EH13*	49	AZ22
Dreghorn Dr *EH13*	50	BA22
Dreghorn Gdns *EH13*	50	BA21
Dreghorn Gro *EH13*	50	BA22
Dreghorn Junct *EH10*	50	BA23
Dreghorn Junct *EH13*	50	BA23
Dreghorn Link *EH13*	50	BA22
Dreghorn Ln *EH13*	49	AX21
Dreghorn Pk *EH13*	49	AZ21
Dreghorn Pl *EH13*	50	BA22
Drum Av *EH17*	43	BN21
Drum Brae Av *EH12*	22	AS11
Drum Brae Cres *EH4*	22	AS10
Drum Brae Dr *EH4*	22	AT10
Drum Brae Gdns *EH12*	22	AS11
Drum Brae Gro *EH4*	22	AS10
Drum Brae Neuk *EH12*	22	AS11
Drum Brae N *EH4*	21	AR9
Drum Brae Pk *EH12*	22	AS11
Drum Brae Pk App *EH12*	22	AS11
Drum Brae Pl *EH12*	22	AS11
Drum Brae S *EH12*	22	AS10
Drum Brae Ter *EH4*	22	AS10
Drum Brae Wk *EH4*	22	AS10
Drum Cotts *EH17*	53	BP22
Drum Cres *EH17*	43	BP21
Drum Pl *EH17*	43	BP21
Drum St *EH17*	43	BN21
Drum Ter *EH7*	14	BJ9
Drum Vw Av (Dand.), Dalk. *EH22*	43	BR20
Drumdryan St *EH3*	4	BD13
Drummohr Av (Wall.), Muss. *EH21*	30	CC14
Drummohr Gdns (Wall.), Muss. *EH21*	31	CD14
Drummond Pl *EH3*	25	BE9
Drummond St *EH8*	5	BG12
Drummore Dr, Pres. *EH32*	32	CG11
Drumsheugh Gdns *EH3*	4	BC11
Drumsheugh Pl **11** *EH3*	4	BC11
Dryden Av, Lnhd *EH20*	60	BJ28
Dryden Cres, Lnhd *EH20*	60	BJ28
Dryden Gdns *EH7*	25	BG8
Dryden Glen, Lnhd *EH20*	59	BH28
Dryden Gro, Ros. *EH25*	60	BJ31
Dryden Ln, Lnhd *EH20*	59	BH29
Dryden Pl *EH9*	41	BH14
Dryden Rd, Lnhd *EH20*	59	BH28
Dryden St *EH7*	25	BG8
Dryden Ter *EH7*	25	BG8
Dryden Ter, Lnhd *EH20*	60	BJ28
Dryden Vale, Lnhd *EH20*	59	BH28
Dryden Vw, Lnhd *EH20*	60	BJ28
Drylaw Av *EH4*	23	AY9
Drylaw Cres *EH4*	23	AX9
Drylaw Gdns *EH4*	23	AX8
Drylaw Grn *EH4*	23	AX9
Drylaw Gro *EH4*	23	AX9
Drylaw Ho Gdns *EH4*	23	AX8
Drylaw Ho Paddock *EH4*	23	AX8
Duart Cres *EH4*	22	AS10
Dublin Meuse *EH3*	5	BF10
Dublin St *EH1*	25	BF9
Dublin St *EH3*	25	BF9
Dublin St La N *EH3*	25	BF9
Dublin St La S *EH1*	5	BF10
Duddingston Av *EH15*	27	BN13
Duddingston Cres *EH15*	27	BQ13
Duddingston Gdns N *EH15*	27	BP12
Duddingston Gdns S *EH15*	27	BP13
Duddingston Gro E *EH15*	27	BP12
Duddingston Gro W *EH15*	27	BP13
Duddingston Ln *EH15*	27	BN12
Duddingston Mains Cotts *EH15*	27	BR13
Duddingston Mills *EH8*	27	BN12
Duddingston Pk *EH15*	27	BQ12
Duddingston Pk S *EH15*	27	BQ13
Duddingston Ri *EH15*	27	BP13
Duddingston Rd *EH15*	27	BN12
Duddingston Rd W *EH15*	26	BM13
Duddingston Rd W *EH16*	26	BM14
Duddingston Row *EH15*	27	BP13
Duddingston Sq E *EH15*	27	BP12
Duddingston Sq W *EH15*	27	BP12
Duddingston Vw *EH15*	27	BP13
Duddingston Yards **1** *EH15*	27	BQ14
Dudgeon Pl, K'lis. *EH29*	18	AD9
Dudley Av *EH6*	13	BF5
Dudley Av S *EH6*	13	BG6
Dudley Bk *EH6*	13	BF5
Dudley Cres *EH6*	13	BF5
Dudley Gdns *EH6*	13	BF5
Dudley Gro *EH6*	13	BF5
Dudley Ter *EH6*	13	BF5
Duff Rd *EH11*	24	BB13
Duff St *EH11*	24	BB13
Duff St La *EH11*	24	BB13
Duke Pl *EH6*	14	BJ7
Duke St *EH6*	14	BJ7
Duke St, Dalk. *EH22*	55	BW24
Duke's Wk *EH8*	26	BK11
Dumbeg Pk *EH14*	38	AT19
Dumbiedykes Rd *EH8*	5	BH12
Dumbryden Dr *EH14*	38	AU18
Dumbryden Gdns *EH14*	38	AU17
Dumbryden Gro *EH14*	38	AU18
Dumbryden Rd *EH14*	38	AV18
Dun-ard Gdn *EH9*	41	BF16
Dunbar St *EH3*	4	BD12
Duncan Gdns, Tran. *EH33*	33	CL12
Duncan Pl *EH6*	14	BJ7
Duncan St *EH9*	41	BG15
Duncans Gait *EH14*	38	AV17
Dundas Av, S Q'fry *EH30*	7	AE3
Dundas Cres, Dalk. *EH22*	54	BU26
Dundas Gdns, Gore. *EH23*	68	BX34
Dundas Gro, Dalk. *EH22*	54	BU25
Dundas Pk, Bonny. *EH19*	54	BS29
Dundas Pl, K'lis. *EH29*	18	AD9
Dundas Rd, Dalk. *EH22*	54	BU25
Dundas St *EH3*	25	BE9
Dundas St, Bonny. *EH19*	61	BR28
Dundee St *EH11*	24	BB13
Dundee Ter *EH11*	40	BB14
Dundonald St *EH3*	25	BE9
Dundrennan Cotts *EH16*	42	BL17
Dunedin St *EH7*	25	BF8
Dunlop Ter, Pen. *EH26*	67	BC38
Dunlop's Ct **12** *EH1*	4	BE12
Dunollie Ct **8** *EH12*	21	AR12
Dunrobin Pl *EH3*	24	BD9
Dunsmuir Ct *EH12*	22	AT13
Dunsyre Ho *EH11*	38	AS18
Dunvegan Ct *EH4*	21	AR7
Durar Dr *EH4*	22	AS11
Durham Av *EH15*	27	BP12
Durham Bk, Bonny. *EH19*	62	BS29
Durham Dr *EH15*	27	BQ13
Durham Gdns N *EH15*	27	BQ12
Durham Gdns S *EH15*	27	BQ13
Durham Gro *EH15*	27	BQ12
Durham Gro, Bonny. *EH19*	62	BS29
Durham Pl, Bonny. *EH19*	61	BR29
Durham Pl E *EH15*	27	BQ12
Durham Pl La *EH15*	27	BQ12
Durham Pl W *EH15*	27	BP12
Durham Rd *EH15*	27	BQ12
Durham Rd S *EH15*	27	BQ13

Durham Sq *EH15*	27	BP12
Durham Ter *EH15*	27	BP12
Durundie Gro *EH16*	42	BK17
Dykes Rd, Pen. *EH26*	66	BA36
E		
Earl Grey St *EH3*	4	BD12
Earl Haig Gdns *EH5*	12	BD6
Earl Haig Homes *EH11*	39	AW15
Earlston Pl *EH7*	26	BJ10
East Adam St *EH8*	5	BG12
East Barnton Av *EH4*	10	AU7
East Barnton Gdns *EH4*	22	AU8
East Brighton Cres *EH15*	27	BQ11
East Broughton Pl **4** *EH1*	25	RF9
East Caiystane Pl *EH10*	50	BC22
East Caiystane Rd *EH10*	50	BD22
East Camus Pl *EH10*	50	BC21
East Camus Rd *EH10*	50	BC21
East Castle Rd *EH10*	40	BC14
East Champanyie *EH9*	41	BG16
East Clapperfield *EH16*	42	BJ18
East Claremont St *EH7*	25	BF9
East Comiston *EH10*	50	BC21
East Ct **2** *EH4*	23	AY10
East Ct *EH16*	43	BP16
East Craigs Rigg *EH12*	21	AQ12
East Cft (Ratho), Newbr. *EH28*	35	AG17
East Cromwell St *EH6*	13	BH5
East Crosscauseway *EH8*	5	BG13
East Fm of Gilmerton *EH17*	43	BN21
East Fettes Av *EH4*	24	BB8
East Fountainbridge *EH3*	4	BD12
East Hannahfield, Bal. *EH14*	56	AJ25
East Hermitage Pl *EH6*	14	BJ7
East Kilngate Pl *EH17*	52	BM22
East Kilngate Rigg *EH17*	52	BM22
East Kilngate Wynd *EH17*	52	BM22
East Lillypot *EH5*	12	BD6
East Ln, Pres. *EH32*	16	CH9
East London St *EH7*	25	BF9
East Lorimer Pl **3** (Cock.), Pres. *EH32*	17	CL7
East Mkt St *EH8*	5	BF11
East Mayfield *EH9*	41	BH15
East Montgomery Pl *EH7*	25	BH9
East Newington Pl *EH9*	41	BG14
East Norton Pl *EH7*	5	BH10
East Parkside *EH16*	5	BH13
East Preston St *EH8*	41	BG14
East Preston St La **3** *EH8*	41	BG14
East Queensway, Pen. *EH26*	67	BB36
East Restalrig Ter *EH6*	14	BK7
East Savile Rd *EH16*	41	BH16
East Sciennes St *EH9*	41	BG14
East Scotland St La *EH3*	25	BF9
East Sea Side **2**, Pres. *EH32*	16	CH9
East Silvermills La *EH3*	24	BD9
East Suffolk Rd *EH16*	42	BJ16
East Telferton *EH7*	27	BP10
East Ter **4**, S Q'fry *EH30*	7	AE2
East Trinity Rd *EH5*	12	BD6
East Way, The *EH8*	27	BN11
East Werberside *EH4*	12	BA7
East Werberside Pl *EH4*	12	BA7
Easter Auchendinny Br, Pen. *EH26*	65	BE35
Easter Belmont Rd *EH12*	23	AX12
Easter Currie Ct, Currie *EH14*	47	AQ23
Easter Currie Cres, Currie *EH14*	47	AQ22
Easter Currie Pl, Currie *EH14*	47	AQ22
Easter Currie Ter, Currie *EH14*	47	AQ23
Easter Dalry Dr *EH11*	24	BB13
Easter Dalry Pl **2** *EH11*	24	BB12
Easter Dalry Rigg **8** *EH11*	24	BB13
Easter Dalry Rd *EH11*	24	BB12
Easter Dalry Wynd *EH11*	24	BB12
Easter Drylaw Av *EH4*	23	AY8
Easter Drylaw Bk *EH4*	11	AY7
Easter Drylaw Dr *EH4*	23	AZ8
Easter Drylaw Gdns *EH4*	23	AY8
Easter Drylaw Gro *EH4*	23	AY8
Easter Drylaw Ln *EH4*	11	AY7
Easter Drylaw Pl *EH4*	23	AY8
Easter Drylaw Vw *EH4*	11	AY7
Easter Drylaw Way *EH4*	23	AY8
Easter Haugh *EH13*	50	BA20
Easter Hermitage *EH6*	14	BK8
Easter Pk Dr *EH4*	10	AU7
Easter Pk Ho **5** *EH4*	10	AU7
Easter Rd *EH6*	14	BJ8
Easter Rd *EH7*	25	BH9
Easter Steil *EH10*	40	BB18
Easter Warriston *EH7*	13	BE7
Eastfield *EH15*	28	BV12
Eastfield Dr, Pen. *EH26*	67	BB37
Eastfield Fm Rd, Pen. *EH26*	67	BB36
Eastfield Gdns *EH15*	28	BU12
Eastfield Ind Est, Pen. *EH26*	67	BB37
Eastfield Pk Rd, Pen. *EH26*	67	BB37
Eastfield Pl *EH15*	28	BV12
Eastfield Rd, Newbr. *EH28*	20	AJ12
Easthouses Ct, Dalk. *EH22*	55	BY27
Easthouses Ind Est, (Easth.) Dalk. *EH22*	55	BZ27
Easthouses Pl **2** (Easth.), Dalk. *EH22*	55	BY26
Easthouses Rd (Easth.), Dalk. *EH22*	55	BY26
Easthouses Way (Easth.), Dalk. *EH22*	55	BY26
Echline **2**, S Q'fry *EH30*	6	AB3
Echline Av, S Q'fry *EH30*	6	AB2
Echline Dr, S Q'fry *EH30*	6	AB2
Echline Gdns, S Q'fry *EH30*	6	AB2
Echline Grn, S Q'fry *EH30*	6	AB2
Echline Gro, S Q'fry *EH30*	6	AC2
Echline Pk, S Q'fry *EH30*	6	AB3
Echline Pl, S Q'fry *EH30*	6	AC3
Echline Rigg, S Q'fry *EH30*	6	AC2
Echline Steadings **1**, S Q'fry *EH30*	6	AB3
Echline Ter, S Q'fry *EH30*	6	AC3
Echline Vw, S Q'fry *EH30*	6	AC3
Eden La *EH10*	40	BD16
Eden Ter **1** *EH10*	40	BD16
Edenhall Bk, Muss. *EH21*	30	CA14
Edenhall Cres, Muss. *EH21*	30	CA14
Edenhall Rd, Muss. *EH21*	30	CA14
Edgefield Ind Est, Lnhd *EH20*	52	BL26
Edgefield Pl, Lnhd *EH20*	52	BL27
Edgefield Rd, Lnhd *EH20*	52	BL27
Edina Pl *EH7*	25	BH9
Edina St *EH7*	25	BH9
Edinburgh Airport *EH12*	20	AK11
Edinburgh Dock *EH6*	14	BK5
Edinburgh Pk *EH12*	37	AP14
Edinburgh Pk Business Est *EH12*	37	AQ15
Edinburgh Rd, Dalk. *EH22*	55	BW24
Edinburgh Rd, Muss. *EH21*	28	BV12
Edinburgh Rd, Newbr. *FH28*	34	AB13
Edinburgh Rd, Pen. *EH26*	67	BB36
Edinburgh Rd (Cock.), Pres. *EH32*	16	CK8
Edinburgh Rd, S Q'fry *EH30*	7	AE2
Edinburgh Rd, Tran. *EH33*	32	CK13
Edmonstone Av (Dand.), Dalk. *EH22*	43	BR19
Edmonstone Dr (Dand.), Dalk. *EH22*	43	BR19
Edmonstone Rd (Dand.), Dalk. *EH22*	43	BQ19
Edmonstone Ter (Dand.), Dalk. *EH22*	43	BR19
Eglinton Cres *EH12*	24	BB12
Eglinton St **10** *EH12*	24	BA12
Egypt Ms *EH10*	41	BE16
Fighth St (Newt.), Dalk. *EH22*	63	BX30
Eildon St *EH3*	25	BE8
Eildon Ter *EH3*	24	BD8
Elbe St *EH6*	14	BJ6
Elcho Pl **2** (Port S.), Pres. *EH32*	17	CL7
Elcho Ter *EH15*	28	BS11
Elder St *EH1*	5	BF10
Elder St, Tran. *EH33*	33	CL12
Elder St E **5** *EH1*	5	BF10
Eldin Ind Est, Lnhd *EH20*	52	BL25
Eldindean Pl, Bonny. *EH19*	53	BR27
Eldindean Rd, Bonny. *EH19*	53	BR27
Eldindean Ter, Bonny. *EH19*	53	BR27
Electra Pl **2** *EH15*	27	BQ10
Elgin Pl *EH12*	24	BB12
Elgin St *EH7*	25	BH9
Elgin St N *EH7*	25	BH9
Elgin Ter *EH7*	25	BH9
Elizafield *EH6*	13	BG7
Ellangowan Ter *EH16*	42	BL18
Ellen's Glen Ln *EH17*	42	BL20
Ellen's Glen Rd *EH17*	42	BL20
Ellersly Rd *EH12*	23	AX12
Elliot Gdns *EH14*	39	AY19
Elliot Pk *EH14*	39	AY19
Elliot Pl *EH14*	39	AY19
Elliot Rd *EH14*	39	AY19
Elliot St *EH7*	25	BH9
Elm Pl **2** *EH6*	14	BK7
Elm Pl (Mayf.), Dalk. *EH22*	63	BZ29
Elm Row *EH7*	25	BG9
Elm Row, Lass. *EH18*	53	BQ26
Elmfield Ct, Dalk. *EH22*	55	BW24
Elmfield Pk, Dalk. *EH22*	55	BW24
Elmfield Rd, Dalk. *EH22*	55	BW24

Elmwood Ter *EH6*	14	BK7
Elphinstone Ct **2**, Tran. *EH33*	33	CL13
Elphinstone Rd, Tran. *EH33*	32	CK15
Elphinstone Wk **6** *EH33*	33	CL14
Eltringham Gdns *EH14*	39	AY15
Eltringham Gro *EH14*	39	AY15
Eltringham Ter *EH14*	39	AY15
Emily Ct **1**, Gore. *EH23*	68	BY34
Emily Pl, Gore. *EH23*	68	BY34
Engine Rd, Gore. *EH23*	68	BX34
Engine Rd, Lnhd *EH20*	52	BL27
Esdaile Bk *EH9*	41	BF15
Esdaile Gdns *EH9*	41	BF15
Esdaile Pk **2** *EH9*	41	BF15
Esk Br, Pen. *EH26*	67	BD38
Esk Glades, Dalk. *EH22*	55	BX23
Esk Pl, Dalk. *EH22*	54	BV24
Eskbank Ct, Dalk. *EH22*	54	BV23
Eskbank Rd, Bonny. *EH19*	54	BS27
Eskbank Rd, Dalk. *EH22*	54	BV25
Eskbank Ter, Dalk. *EH22*	54	BV25
Eskbank Toll, Dalk. *EH22*	54	BV25
Eskdaill Ct **4**, Dalk. *EH22*	55	BW24
Eskdaill St, Dalk. *EH22*	55	BW24
Eskdale Ct, Bonny. *EH19*	61	BQ28
Eskdale Dr, Bonny. *EH19*	61	BQ28
Eskdale Ms, Muss. *EH21*	29	BY13
Eskdale Ter, Bonny. *EH19*	61	BQ28
Eskfield Gro, Dalk. *EH22*	54	BT25
Eskgrove Dr (Bils.), Ros. *EH25*	59	BG29
Eskhill, Pen. *EH26*	67	BB38
Eskmill Ind Est, Pen. *EH26*	67	BC38
Eskmill Rd, Pen. *EH26*	67	BC38
Eskmill Vil, Muss. *EH21*	29	BX14
Eskmills Pk, Muss. *EH21*	29	BX14
Eskside Ct, Dalk. *EH22*	54	BV23
Eskside E, Muss. *EH21*	29	BY13
Eskside W, Muss. *EH21*	29	BX13
Eskvale Ct, Pen. *EH26*	67	BC38
Eskvale Cres, Pen. *EH26*	67	BC38
Eskvale Dr, Pen. *EH26*	67	BC37
Eskvale Vw, Pen. *EH26*	67	BC37
Eskview Av, Muss. *EH21*	29	BX14
Eskview Cres, Muss. *EH21*	29	BX14
Eskview Gro, Dalk. *EH22*	54	BV24
Eskview Gro, Muss. *EH21*	29	BX14
Eskview Rd (Mayf.), Dalk. *EH22*	63	BZ29
Eskview Rd, Muss. *EH21*	29	BX14
Eskview Ter, Muss. *EH21*	29	BX14
Eskview Vil, Dalk. *EH22*	54	BU25
Esplanade *EH1*	4	BE12
Esplanade *EH4*	4	BE12
Esplanade Ter *EH15*	28	BT11
Essendean Pl *EH4*	22	AT10
Essendean Ter *EH4*	22	AT10
Essex Brae *EH4*	21	AQ7
Essex Pk *EH4*	21	AQ7
Essex Rd *EH4*	21	AQ7
Esslemont Rd *EH16*	41	BH17
Ethel Ter *EH10*	40	BC17
Eton Ter *EH4*	4	BC10
Ettrick Gro *EH10*	40	BC14
Ettrick Ln *EH10*	40	BB15
Ettrick Rd *EH10*	40	BB15
Ettrickdale Pl *EH3*	24	BD8
Eva Pl *EH9*	41	BG17
Evans Gdns, Bonny. *EH19*	54	BT27
Evelyn Ter (Auch.), Pen. *EH26*	65	BE34
Ewerland *EH4*	21	AQ7
Ewing St, Pen. *EH26*	67	BB36
Eyre Cres *EH3*	25	BE9
Eyre Pl *EH3*	25	BE9
Eyre Ter *EH3*	25	BE9

F

Fair-a-Far *EH4*	9	AR6
Fair-a-Far Cotts *EH4*	9	AR6
Fair-a-Far Shot *EH4*	9	AR6
Fairbrae *EH11*	38	AV16
Fairford Gdns *EH16*	42	BK18
Fairhaven Vil **1**, Dalk. *EH22*	54	BU26
Fairmile Av *EH10*	50	BD21
Fairview Rd, Newbr. *EH28*	19	AH12
Fairways (Monk.), Muss. *EH21*	29	BX16
Fala Ct *EH16*	42	BK21
Falcon Av *EH10*	40	BD16
Falcon Ct *EH10*	40	BD16
Falcon Gdns *EH10*	40	BD15
Falcon Rd *EH10*	40	BD16
Falcon Rd W *EH10*	40	BD16
Falkland Gdns *EH12*	22	AU10
Farm Av, Lass. *EH18*	61	BP29
Farquhar Ter, S Q'fry *EH30*	6	AC2
Farrer Gro *EH7*	27	BN10
Farrer Ter *EH7*	27	BN10
Fa'side Av **9**, Tran. *EH33*	33	CM14
Fa'side Av Ct (Wall.), Muss. *EH21*	31	CD15
Fa'side Av N (Wall.), Muss. *EH21*	31	CD15
Fa'side Av S (Wall.), Muss. *EH21*	31	CD15
Fa'side Bldgs (Wall.), Muss. *EH21*	31	CD15
Fa'side Cres (Wall.), Muss. *EH21*	31	CD15
Fa'side Cres **10**, Tran. *EH33*	33	CM14
Fa'side Dr (Wall.), Muss. *EH21*	31	CD15
Fa'side Gdns (Wall.), Muss. *EH21*	31	CD15
Fa'side Rd, Tran. *EH33*	33	CM14
Fa'side Ter (Wall.), Muss. *EH21*	31	CD15
Fa'side Vw, Tran. *EH33*	32	CK15
Fauldburn *EH12*	21	AR10
Fauldburn Pk *EH12*	21	AR10
Featherhall Av *EH12*	22	AT13
Featherhall Cres **1** *EH12*	22	AS13
Featherhall Cres N *EH12*	22	AS13
Featherhall Cres S *EH12*	22	AS13
Featherhall Gro *EH12*	22	AT13
Featherhall Pl *EH12*	22	AT13
Featherhall Rd *EH12*	22	AT13
Featherhall Ter *EH12*	22	AT13
Ferguson Ct, Muss. *EH21*	29	BY16
Ferguson Dr, Muss. *EH21*	29	BX16
Ferguson Gdns, Muss. *EH21*	29	BY16
Ferguson Grn, Muss. *EH21*	29	BX16
Ferguson Vw, Muss. *EH21*	29	BX16
Ferguson Way (Newt.), Dalk. *EH22*	63	BX31
Ferniehill Av *EH17*	43	BN21
Ferniehill Dr *EH17*	43	BN21
Ferniehill Gdns *EH17*	43	BP20
Ferniehill Gro **1** *EH17*	43	BP20
Ferniehill Pl *EH17*	43	BN21
Ferniehill Rd *EH17*	43	BP20
Ferniehill Sq *EH17*	43	BN21
Ferniehill St *EH17*	43	BN20
Ferniehill Ter *EH17*	43	BN21
Ferniehill Way *EH17*	43	BP20
Fernielaw Av *EH13*	49	AW22
Fernieside Av *EH17*	43	BN20
Fernieside Cres *EH17*	43	BN20
Fernieside Dr *EH17*	43	BN20
Fernieside Gdns *EH17*	43	BN20
Fernieside Gro *EH17*	43	BP20
Ferry Rd *EH4*	11	AY7
Ferry Rd *EH5*	12	BB7
Ferry Rd *EH6*	12	BD6
Ferry Rd Av *EH4*	11	AZ7
Ferry Rd Dr *EH4*	11	AZ6
Ferry Rd Gdns *EH4*	11	AY7
Ferry Rd Gro *EH4*	11	AY7
Ferry Rd Pl *EH4*	11	AY7
Ferryburn **1**, S Q'fry *EH30*	7	AE3
Ferryburn Grn, S Q'fry *EH30*	7	AE3
Ferryfield *EH5*	12	BB7
Ferrymuir Gait, S Q'fry *EH30*	6	AD3
Ferrymuir La, S Q'fry *EH30*	6	AD3
Ferrymuir Rd, S Q'fry *EH30*	6	AD3
Festival Sq **7** *EH3*	4	BD12
Fetteresk Cotts, Pen. *EH26*	66	BA39
Fettes Av *EH4*	24	BB9
Fettes Ri *EH4*	12	BB7
Fettes Row *EH3*	25	BE9
Fidra Ct *EH4*	11	AW6
Fifth St (Newt.), Dalk. *EH22*	63	BW30
Figgate Bk *EH15*	27	BR10
Figgate La *EH15*	27	BR10
Figgate St *EH15*	27	BQ10
Fillyside Av *EH7*	15	BN9
Fillyside Rd *EH7*	15	BN8
Fillyside Ter *EH7*	15	BN8
Findhorn Pl *EH9*	41	BG14
Findlay Av *EH7*	14	BL8
Findlay Cotts *EH7*	14	BL8
Findlay Gdns *EH7*	14	BL8
Findlay Gro *EH7*	14	BL8
Findlay Medway *EH7*	14	BL8
Fingal Pl *EH9*	41	BF14
Fingzies Pl **3** *EH6*	14	BK7
Finlaggan Ct **2** *EH12*	21	AQ11
Finlay Pl (Mayf.), Dalk. *EH22*	69	CB29
Fir Vw **3**, Lnhd *EH20*	59	BH28
Firrhill Cres *EH13*	39	AZ19
Firrhill Dr *EH13*	50	BA20
Firrhill Ln *EH13*	50	BA20
First Gait (Ricc.), Currie *EH14*	47	AN19
First St (Newt.), Dalk. *EH22*	63	BX31
Firth Br, Ros. *EH25*	65	BF35
Firth Cres (Auch.), Pen. *EH26*	65	BF34
Firth Rd (Auch.), Pen. *EH26*	65	BF34

Fishergate Rd (Port S.), Pres. *EH32*	17	CN8
Fisherrow Ind Est, Muss. *EH21*	29	BW13
Fishers Rd (Port S.), Pres. *EH32*	17	CM7
Fishers Wynd, Muss. *EH21*	29	BX13
Fishmarket Sq **2** *EH6*	13	BF4
Fishwives' Causeway *EH7*	27	BN10
Fishwives' Causeway *EH15*	27	BQ10
Flassches Yd *EH12*	38	AS15
Fleets Gro, Tran. *EH33*	33	CM15
Fleets Ind Est, Tran. *EH33*	33	CL16
Fleets Rd, Tran. *EH33*	33	CL14
Fleets Vw, Tran. *EH33*	33	CM15
Fleshmarket Cl **13** *EH1*	5	BF11
Fletcher Gro, Pen. *EH26*	64	BB35
Flotterstone Br, Pen. *EH26*	64	BA33
Forbes *EH10*	40	BD15
Forbes St *EH8*	5	BG13
Ford's Rd *EH11*	39	AX15
Forester's Vw, Tran. *EH33*	33	CM13
Forres St *EH3*	4	BD10
Forrest Hill *EH1*	5	BF12
Forrest Rd *EH1*	5	BF12
Forrester Pk Av *EH12*	38	AT15
Forrester Pk Dr *EH12*	38	AT15
Forrester Pk Gdns *EH12*	38	AT15
Forrester Pk Grn *EH12*	38	AU15
Forrester Pk Gro *EH12*	38	AT15
Forrester Pk Ln *EH12*	38	AT15
Forrester Rd *EH12*	22	AT12
Fort Ho *EH6*	13	BG5
Fort Kinnaird Shop Cen *EH15*	28	BS15
Forteviot Ho *EH17*	42	BM19
Forth Ct (Port S.), Pres. *EH32*	17	CN7
Forth Gdns (Port S.), Pres. *EH32*	17	CN7
Forth Gro (Port S.), Pres. *EH32*	17	CN7
Forth Ind Est *EH5*	12	BA4
Forth Pk (Dalm.), S Q'fry *EH30*	7	AG3
Forth Pl, S Q'fry *EH30*	6	AB2
Forth St *EH1*	5	BF10
Forth Ter (Dalm.), S Q'fry *EH30*	7	AF3
Forth Vw Av, Currie *EH14*	47	AP23
Forth Vw Cres, Currie *EH14*	47	AP22
Forth Vw Cres (Dand.), Dalk. *EH22*	43	BR19
Forth Vw Rd, Currie *EH14*	47	AP23
Forth Wynd (Port S.), Pres. *EH32*	17	CN7
Forthview Av (Wall.), Muss. *EH21*	30	CC14
Forthview Cres (Wall.), Muss. *EH21*	30	CC14
Forthview Dr **1** (Wall.), Muss. *EH21*	31	CD14
Forthview Rd *EH4*	23	AY9
Forthview Ter *EH4*	23	AX9
Forthview Ter (Wall.), Muss. *EH21*	31	CD14
Foulis Cres, Jun. Grn *EH14*	48	AT21
Foundry La, Lnhd *EH20*	52	BM26
Fountain Pl, Lnhd *EH20*	52	BK27
Fountainbridge *EH3*	4	BD13
Fountainhall Rd *EH9*	41	BG16
Fourth Gait (Ricc.), Currie *EH14*	47	AN20
Fourth St (Newt.), Dalk. *EH22*	63	BX30
Fowler Cres **4**, Lnhd *EH20*	52	BM27
Fowler Sq **5**, Lnhd *EH20*	52	BM27
Fowler St, Tran. *EH33*	33	CL12
Fowler Ter *EH11*	40	BB14
Fowlers Ct **8**, Pres. *EH32*	16	CH9
Fox Covert Av *EH12*	22	AU10
Fox Covert Gro *EH12*	22	AU10
Fox Spring Cres *EH10*	50	BB20
Fox Spring Ri *EH10*	50	BC20
Fox St *EH6*	14	BK6
Fraser Av *EH5*	12	BC6
Fraser Cres *EH5*	12	BC6
Fraser Gdns *EH5*	12	BC6
Fraser Gro *EH5*	12	BC6
Frederick St *EH2*	4	BE10
Freelands Rd (Ratho), Newbr. *EH28*	36	AJ15
Friarton Gdns, Pen. *EH26*	66	AY38
Frogston Av *EH10*	50	BD22
Frogston Brae *EH17*	51	BG23
Frogston Gdns *EH10*	50	BD22
Frogston Gro *EH10*	51	BE22
Frogston Rd E *EH17*	51	BG23
Frogston Rd W *EH10*	50	BD22
Frogston Ter *EH10*	51	BE22
Furcheons Pk *EH8*	27	BN11

G

Gabriel's Rd **6** *EH2*	5	BF10
Gabriel's Rd **17** *EH3*	24	BD9
Galachlawshot *EH10*	51	BE21
Galachlawside *EH10*	51	BE22
Galadale (Newt.), Dalk. *EH22*	63	BW29
Galadale Cres (Newt.), Dalk. *EH22*	63	BW29
Galadale Dr (Newt.), Dalk. *EH22*	63	BW29
Gallolee, The *EH13*	49	AZ21
Galt Av, Muss. *EH21*	30	CC14
Galt Cres, Muss. *EH21*	30	CC14
Galt Dr, Muss. *EH21*	30	CC14
Galt Rd, Muss. *EH21*	30	CC14
Galt Ter, Muss. *EH21*	30	CC14
Gamekeeper's Ln *EH4*	9	AR6
Gamekeeper's Pk *EH4*	9	AR6
Gamekeeper's Rd *EH4*	9	AR6
Garden Ter *EH4*	10	AT7
Gardener's Cl (Cock.), Pres. *EH32*	17	CL7
Gardeners Pl **2**, Tran. *EH33*	33	CL12
Gardener's Wk, Pen. *EH26*	66	AY37
Gardiner Cres, Pres. *EH32*	16	CK10
Gardiner Gro *EH4*	23	AX9
Gardiner Pl (Newt.), Dalk. *EH22*	63	BW29
Gardiner Rd *EH4*	23	AX9
Gardiner Rd, Pres. *EH32*	10	CJ10
Gardiner Ter *EH4*	23	AX10
Gardiner Ter, Pres. *EH32*	32	CJ11
Gardner's Cres *EH3*	4	BC12
Garscube Ter *EH12*	23	AZ11
Garvald Ct *EH16*	42	BK21
Gateside Rd, K'lis. *EH29*	18	AC10
Gayfield Cl *EH1*	25	BG9
Gayfield Pl *EH7*	25	BG9
Gayfield Pl La *EH1*	25	BG9
Gayfield Sq *EH1*	25	BF9
Gayfield St *EH1*	25	BG9
Gayfield St La *EH1*	25	BF9
Gaynor Av, Lnhd *EH20*	52	BJ27
George Av, Lnhd *EH20*	52	BK27
George Cres **1**, Lnhd *EH20*	52	BL27
George Dr, Lnhd *EH20*	52	BK27
George IV Br *EH1*	5	BF11
George Sq *EH8*	5	BF13
George Sq La *EH8*	5	BF13
George St *EH2*	4	BD11
George Ter, Lnhd *EH20*	52	BK27
George Wk, Tran. *EH33*	33	CL13
George Way **13**, Tran. *EH33*	33	CL13
Gibbs Entry *EH8*	5	BG12
Gibraltar Ct, Dalk. *EH22*	55	BX24
Gibraltar Gdns, Dalk. *EH22*	55	BW24
Gibraltar Rd, Dalk. *EH22*	55	BW24
Gibraltar Ter, Dalk. *EH22*	55	BX24
Gibson Dr, Dalk. *EH22*	55	BY24
Gibson St *EH7*	13	BG7
Gibson Ter *EH11*	4	BC13
Gifford Pk *EH8*	5	BG13
Gilberstoun *EH15*	28	BS13
Gilberstoun Brig *EH15*	28	BT14
Gilberstoun Ln *EH15*	28	BT14
Gilberstoun Pl *EH15*	28	BT14
Gilberstoun Wynd *EH15*	28	BT14
Giles St *EH6*	13	BH6
Gillespie Cres *EH10*	4	BD13
Gillespie Pl *EH10*	4	BD13
Gillespie Rd *EH13*	48	AV21
Gillespie St *EH3*	4	BD13
Gillsland Pk *EH10*	40	BB15
Gillsland Rd *EH10*	40	BB15
Gilmerton Dykes Av *EH17*	42	BM21
Gilmerton Dykes Cres *EH17*	42	BL21
Gilmerton Dykes Dr *EH17*	42	BM21
Gilmerton Dykes Gdns *EH17*	42	BL21
Gilmerton Dykes Gro *EH17*	42	BL21
Gilmerton Dykes Ln *EH17*	52	BL22
Gilmerton Dykes Pl *EH17*	42	BL21
Gilmerton Dykes Rd *EH17*	52	BM22
Gilmerton Dykes St *EH17*	42	BM21
Gilmerton Dykes Ter *EH17*	52	BM22
Gilmerton Dykes Vw *EH17*	52	BM22
Gilmerton Ms *EH17*	53	BN22
Gilmerton Pl *EH17*	52	BM22
Gilmerton Rd *EH16*	42	BJ17
Gilmerton Rd *EH17*	42	BL19
Gilmerton Rd (Gilm.) *EH17*	53	BP22
Gilmerton Rd, Dalk. *EH22*	54	BU24
Gilmerton Rd, Lass. *EH18*	54	BS23
Gilmerton Sta Rd *EH17*	53	BN24
Gilmore Pk *EH3*	4	BC13
Gilmore Pl *EH3*	40	BC14
Gilmore Pl La *EH3*	4	BD13
Gilmour Rd *EH16*	41	BH16
Gilmour St *EH8*	5	BG12

Gilmour's Entry 7 *EH8*   5   BG12
Gladstone Pl *EH6*   14   BK7
Gladstone Ter *EH9*   41   BG14
Glanville Pl 5 *EH3*   24   BD9
Glasgow Rd *EH12*   37   AQ13
Glasgow Rd, Newbr. *EH28*   37   AQ13
Glaskhill Ter, Pen. *EH26*   66   BA37
Glebe, The *EH4*   9   AR5
Glebe, The, K'lis. *EH29*   18   AC10
Glebe, The (Dalm.), S   7   AG4
   Q'fry *EH30*
Glebe Gdns *EH12*   22   AU13
Glebe Gdns 9, Pres. *EH32*   16   CH10
Glebe Gro *EH12*   22   AT13
Glebe Pl, Lass. *EH18*   53   BP26
Glebe Rd *EH12*   22   AT13
Glebe St, Dalk. *EH22*   55   BW24
Glebe Ter *EH12*   22   AU13
Glen Pl, Pen. *EH26*   66   BA37
Glen St *EH3*   4   BE12
Glen Vw Ct, Gore. *EH23*   68   BY34
Glen Vw Cres, Gore. *EH23*   68   BY35
Glen Vw Rd, Gore. *EH23*   68   BY34
Glenallan Dr *EH16*   42   BK17
Glenallan Ln *EH16*   42   BL17
Glenalmond Ct *EH11*   38   AT17
Glencairn Cres *EH12*   24   BB12
Glencorse Pk (Milt.Br),   65   BE35
   Pen. *EH26*
Glencross Gdns,   66   AY38
   Pen. *EH26*
Glendevon Av *EH12*   23   AX13
Glendevon Gdns *EH12*   23   AX13
Glendevon Gro *EH12*   23   AX13
Glendevon Pk *EH12*   39   AX14
Glendevon Pl *EH12*   23   AX13
Glendevon Rd *EH12*   39   AX14
Glendevon Ter *EH12*   23   AX13
Glendinning Cres *EH16*   42   BJ19
Glendinning Dr,   18   AB9
   K'lis. *EH29*
Glendinning Pl,   18   AB9
   K'lis. *EH29*
Glendinning Rd,   18   AB9
   K'lis. *EH29*
Glendinning Way,   18   AB9
   K'lis. *EH29*
Glenesk Cres, Dalk. *EH22*   54   BV25
Glenfinlas St *EH3*   4   BD11
Glengyle Ter *EH3*   4   BD13
Glenisla Gdns *EH9*   41   BF16
Glenisla Gdns La 1 *EH9*   41   BF16
Glenlea Cotts *EH11*   39   AY15
Glenlee Av *EH8*   26   BL11
Glenlee Gdns *EH8*   26   BL11
Glenlockhart Bk *EH14*   39   AZ18
Glenlockhart Rd *EH10*   40   BA18
Glenlockhart Rd *EH14*   39   AZ18
Glenlockhart Valley *EH14*   39   AZ17
Glennie Gdns, Tran. *EH33*   33   CM13
Glenogle Ct *EH3*   24   BD8
Glenogle Pl 16 *EH3*   24   BD9
Glenogle Rd *EH3*   24   BD8
Glenogle Ter *EH3*   24   BD8
Glenorchy Pl 4 *EH1*   5   BG10
Glenorchy Ter *EH9*   41   BH15
Glenure Ln *EH4*   22   AT10
Glenvarloch Cres *EH16*   42   BJ18
Glenview, Pen. *EH26*   66   BA37
Glenview Pl, Gore. *EH23*   68   BY36

Gloucester La *EH3*   4   BD10
Gloucester Pl *EH3*   4   BD10
Gloucester Sq *EH3*   4   BD10
Gloucester St *EH3*   4   BD10
Goff Av *EH7*   15   BP9
Gogar Br Rd *EH12*   20   AJ11
Gogar Mains Fm Rd *EH12*   36   AL13
Gogar Roundabout *EH12*   37   AN13
Gogar Sta Rd *EH12*   37   AQ17
Gogarbank *EH12*   37   AN17
Gogarloch Bk *EH12*   37   AR14
Gogarloch Haugh *EH12*   37   AR14
Gogarloch Muir *EH12*   37   AR14
Gogarloch Rd *EH12*   37   AQ14
Gogarloch Syke *EH12*   37   AQ14
Gogarstone Rd *EH12*   36   AK14
Goldenacre Ter *EH3*   12   BD7
Goldie Ter, Lnhd *EH20*   60   BJ28
Golf Course Rd,   53   BR27
   Bonny. *EH19*
Golf Dr (Port S.),   17   CM7
   Pres. *EH32*
Goose Grn Av, Muss. *EH21*   29   BZ12
Goose Grn Br, Muss. *EH21*   29   BZ12
Goose Grn Cres,   29   BZ12
   Muss. *EH21*
Goose Grn Pl, Muss. *EH21*   29   BZ12
Goose Grn Rd,   29   BZ12
   Muss. *EH21*
Gordon Av, Bonny. *EH19*   61   BP29
Gordon Ln *EH12*   22   AU12
Gordon Rd *EH12*   22   AU12
Gordon St *EH6*   14   BJ7
Gordon St (Easth.),   55   BY28
   Dalk. *EH22*
Gordon Ter *EH16*   42   BJ17
Gore Av, Gore. *EH23*   68   BZ35
Gorgie Cotts *EH11*   39   AY15
Gorgie Pk Cl *EH14*   39   AZ15
Gorgie Pk Rd *EH11*   39   AZ14
Gorgie Pk Rd *EH14*   39   AZ15
Gorgie Rd *EH11*   39   AZ14
Gorton Ln, Rose. *EH24*   60   BM33
Gorton Pl, Rose. *EH24*   60   BM33
Gorton Rd, Rose. *EH24*   60   BM33
Gosford Pl *EH6*   13   BF6
Gosford Rd (Port S.),   17   CL7
   Pres. *EH32*
Gote La, S Q'fry *EH30*   6   AD2
Gowanhill Rd, Currie *EH14*   46   AK22
Gracefield Ct, Muss. *EH21*   29   BX13
Gracemount Av *EH16*   42   BK20
Gracemount Dr *EH16*   42   BK21
Gracemount Pl *EH16*   42   BK21
Gracemount Rd *EH16*   52   BJ22
Gracemount Sq *EH16*   42   BK20
Graham St *EH6*   13   BG6
Graham's Rd (Milt.Br),   64   BD34
   Pen. *EH26*
Granby Rd *EH16*   41   BH16
Grandfield *EH6*   13   BE6
Grandville *EH6*   13   BE5
Grange Ct *EH9*   41   BG14
Grange Cres *EH9*   41   BF15
Grange Cres E, Pres. *EH32*   16   CH10
Grange Cres W, Pres. *EH32*   16   CH10
Grange Gro, Pres. *EH32*   16   CH10
Grange Ln *EH9*   41   BE15
Grange Ln Gdns *EH9*   41   BF15
Grange Rd *EH9*   41   BF14

Grange Rd, Pres. *EH32*   16   CH10
Grange Ter *EH9*   41   BF16
Grannies Pk Ind Est,   55   BW23
   Dalk. *EH22*
Grannus Ms 1 (Inv.),   29   BZ14
   Muss. *EH21*
Grant Av *EH13*   49   AW21
Granton Cres *EH5*   12   BB5
Granton Gdns *EH5*   12   BB5
Granton Gro *EH5*   12   BB5
Granton Harbour *EH5*   12   BB3
Granton Mains Av *EH4*   11   AY5
Granton Mains Bk 1 *EH4*   11   AY5
Granton Mains Brae *EH4*   11   AY5
Granton Mains Ct *EH4*   11   AZ5
Granton Mains E *EH4*   11   AZ5
Granton Mains Gait *EH4*   11   AY5
Granton Mains Vale *EH4*   11   AY5
Granton Mains Wynd *EH4*   11   AY5
Granton Medway *EH5*   12   BA5
Granton Mill Cres *EH4*   11   AY5
Granton Mill Dr *EH4*   11   AY5
Granton Mill March *EH4*   11   AX6
Granton Mill Pk *EH4*   11   AX6
Granton Mill Pl *EH4*   11   AX5
Granton Mill Rd *EH4*   11   AX5
Granton Mill W 1 *EH4*   11   AX5
Granton Pk Av *EH5*   12   BA4
Granton Pl *EH5*   12   BB5
Granton Rd *EH5*   12   BB5
Granton Sq *EH5*   12   BB4
Granton Ter *EH5*   12   BB5
Granton Vw *EH5*   12   BB4
Grantully Pl *EH9*   41   BH15
Granville Ter *EH10*   40   BC14
Grassmarket *EH1*   4   BE12
Grays Ct 6 *EH8*   5   BG12
Gray's Ln *EH10*   40   BA15
Graysknowe 2 *EH14*   39   AX17
Great Cannon Bk 3 *EH15*   27   BQ10
Great Carleton Pl *EH16*   43   BQ16
Great Carleton Sq 1   43   BQ16
   EH16
Great Junct St *EH6*   13   BH6
Great King St *EH3*   4   BE10
Great Michael Cl 7 *EH6*   13   BF4
Great Michael Ri *EH6*   13   BF5
Great Michael Sq 1 *EH4*   13   BF4
Great Stuart St *EH3*   4   BC11
Green, The *EH4*   10   AV7
Green, The, Bal. *EH14*   56   AM27
Green La, Lass. *EH18*   53   BP27
Green St *EH7*   25   BF9
Greenacre *EH14*   48   AU20
Greenbank Av *EH10*   40   BC18
Greenbank Cres *EH10*   40   BB19
Greenbank Dr *EH10*   40   BB18
Greenbank Gdns *EH10*   40   BB19
Greenbank Gro *EH10*   40   BB19
Greenbank La *EH10*   40   BB18
Greenbank Ln *EH10*   40   BB19
Greenbank Pk *EH10*   40   BB19
Greenbank Pl *EH10*   40   BC18
Greenbank Ri *EH10*   40   BB19
Greenbank Rd *EH10*   40   BB19
Greenbank Row *EH10*   40   BB19
Greenbank Ter *EH10*   40   BC18
Greendale Pk *EH4*   11   AW7
Greendykes Av *EH16*   43   BP16
Greendykes Dr *EH16*   43   BP16

Greendykes Gdns EH16	43	BP16
Greendykes Ho EH16	43	BP16
Greendykes Ln EH16	43	BP16
Greendykes Rd EH16	43	BN16
Greendykes Ter EH16	43	BP16
Greenend Dr EH17	42	BL20
Greenend Gdns EH17	42	BL20
Greenend Gro EH17	42	BL19
Greenfield Cres, Bal. EH14	56	AL27
Greenfield Pk (Monk.), Muss. EH21	29	BX16
Greenfield Rd, Bal. EH14	56	AL27
Greenhall Cres 1, Gore. EH23	68	BX34
Greenhall Rd, Gore. EH23	68	BY34
Greenhill Ct EH9	40	BD14
Greenhill Gdns EH10	40	BD14
Greenhill Pk EH10	40	BD15
Greenhill Pk, Pen. EH26	66	AZ38
Greenhill Pl EH10	40	BD15
Greenhill Ter EH10	40	BD14
Greenlaw Gro (Milt.Br), Pen. EH26	64	BC34
Greenlaw Hedge EH13	50	BA20
Greenlaw Rig EH13	50	BA20
Greenmantle Ln EH16	42	BK18
Greenpark EH17	42	BL19
Greenside End 12 EH1	5	BG10
Greenside La EH1	5	BG10
Greenside Pl 11 EH1	5	BG10
Greenside Pl, Rose. EH24	60	BM33
Greenside Row EH1	5	BG10
Greenway, The EH14	38	AU18
Grey Sch Cor, Pres. EH32	16	CH10
Greyfriars Pl EH1	5	BF12
Grierson Av EH5	12	BC5
Grierson Cres EH5	12	BC5
Grierson Gdns EH5	12	BC5
Grierson Rd EH5	12	BB5
Grierson Sq EH5	12	BC5
Grierson Vil EH5	12	BC5
Grieve Ct, Pen. EH26	67	BB36
Grigor Av EH4	23	AZ8
Grigor Dr EH4	23	AZ8
Grigor Gdns EH4	23	AZ8
Grigor Ter EH4	23	AZ8
Grindlay St EH3	4	BD12
Grindlay St Ct EH3	4	BD12
Groathill Av EH4	23	AY9
Groathill Gdns E EH4	23	AY9
Groathill Gdns W EH4	23	AY9
Groathill Rd N EH4	23	AY8
Groathill Rd S EH4	23	AY9
Grosvenor Cres EH12	24	BB12
Grosvenor Gdns EH12	24	BB12
Grosvenor St EH12	4	BC12
Grotto Br, S Q'fry EH30	21	AN8
Grove, The, Muss. EH21	30	CA14
Grove End, Lass. EH18	53	BR27
Grove Pl, Jun. Grn EH14	48	AT21
Grove St EH3	4	BC12
Grove St, Muss. EH21	29	BZ14
Grove Ter 4 EH3	4	BC12
Grundie's Well Rd EH17	43	BN21
Guardianswood EH12	23	AY12
Guardwell Cres EH17	42	BL20
Gullan's Cl EH8	5	BG11
Gunnet Ct EH4	11	AW6
Guthrie St EH1	5	BF12

Gyle Av 1 EH12	37	AP14
Gyle Pk Gdns EH12	37	AQ13
Gyle Service La EH12	37	AQ14
Gylemuir Rd EH12	22	AS13
Gypsy Brae EH5	11	AY5

H

Haddington Pl EH7	25	BG9
Haddington Rd, Muss. EH21	30	CC13
Haddington Rd, Tran. EH33	33	CN13
Haddon's Ct EH8	5	BG12
Hailes App EH13	49	AW20
Hailes Av EH13	39	AW19
Hailes Bk EH13	49	AW20
Hailes Cres EH13	49	AW20
Hailes Gdns EH13	48	AV20
Hailes Gro EH13	49	AW20
Hailes Pk EH13	48	AV20
Hailes St EH3	4	BD13
Hailes Ter EH13	49	AW20
Hailesland Gdns EH14	38	AU18
Hailesland Gro EH14	38	AU18
Hailesland Pk EH14	38	AU18
Hailesland Pl EH14	38	AU18
Hailesland Rd EH14	38	AU18
Hainburn Pk EH10	50	BB22
Hall Ter EH12	22	AU13
Hallcroft Cl (Ratho), Newbr. EH28	35	AE17
Hallcroft Cres (Ratho), Newbr. EH28	35	AE17
Hallcroft Gdns (Ratho), Newbr. EH28	35	AE17
Hallcroft Grn (Ratho), Newbr. EH28	35	AE17
Hallcroft Neuk (Ratho), Newbr. EH28	35	AE17
Hallcroft Pk (Ratho), Newbr. EH28	35	AE17
Hallcroft Ri (Ratho), Newbr. EH28	35	AE17
Hallhead Rd EH16	41	BH17
Hallyards Rd, K'lis. EH29	18	AD11
Hallyards Rd, Newbr. EH28	35	AF13
Halmyre St EH6	25	BH8
Hamburgh Pl 6 EH6	13	BG5
Hamilton Cres (Newt.), Dalk. EH22	63	BX29
Hamilton Dr EH15	27	BP12
Hamilton Dr W EH15	27	BP12
Hamilton Gdns EH15	27	BP12
Hamilton Gro EH15	27	BP12
Hamilton Pk EH15	27	BP11
Hamilton Pl EH3	24	BD9
Hamilton Ter EH15	27	BQ11
Hamilton Wynd EH6	13	BG5
Hamilton's Cl 1, S Q'fry EH30	7	AE2
Hamilton's Folly Ms 5 EH8	5	BG13
Hammermen's Entry EH8	5	BG11
Hampton Pl 4 EH12	24	BA12
Hampton Ter EH12	24	BA12
Hanover St EH2	4	BE10
Harbour La 5, S Q'fry EH30	6	AD2
Harbour Pl 13 EH15	27	BQ10
Harbour Rd EH15	27	BQ10

Harbour Rd, Muss. EH21	29	BW13
Harden Pl EH11	40	BB14
Hardengreen Business Pk, Dalk. EH22	54	BU26
Hardengreen Ind Est, Dalk. EH22	54	BU26
Hardengreen La, Dalk. EH22	54	BU27
Hardwell Cl EH8	5	BG13
Harelaw, Dalk. EH22	44	BT19
Harelaw Rd EH13	49	AX21
Hares Cl (Cock.), Pres. EH32	17	CL7
Harewood Cres EH16	27	BN15
Harewood Dr EH16	27	BN15
Harewood Rd EH16	26	BM15
Harkenburn Gdns, Pen. EH26	66	AY37
Harkness Cres, Tran. EH33	33	CM13
Harlaw Gro, Pen. EH26	66	AZ38
Harlaw Hill, Pres. EH32	16	CH9
Harlaw March, Bal. EH14	56	AM27
Harlaw Rd, Bal. EH14	57	AR25
Harlawhill Gdns, Pres. EH32	16	CJ10
Harmony Ct, Bonny. EH19	54	BT28
Harmony Cres, Bonny. EH19	54	BT28
Harmony St, Bonny. EH19	54	BT28
Harmony Wk, Bonny. EH19	54	BT28
Harnes Ct 2, Lnhd EH20	60	BL28
Harper's Brae, Pen. EH26	67	BD37
Harrismith Pl EH7	14	BJ9
Harrison Gdns EH11	40	BA15
Harrison La EH11	40	BB14
Harrison Pl EH11	40	BA15
Harrison Rd EH11	40	BA14
Hart St EH1	25	BF9
Hart St La EH1	25	BF9
Hartington Gdns EH10	40	BD14
Hartington Pl EH10	40	BC14
Harvest Dr, Newbr. EH28	34	AD14
Harvest Rd, Newbr. EH28	34	AD14
Harvesters Way EH14	38	AT19
Harvieston Vil 2, Gore. EH23	68	BZ36
Hatton Pl EH9	41	BF14
Haugh Pk EH14	39	AW17
Haugh St EH4	24	BD9
Hawes Brae, S Q'fry EH30	7	AF2
Hawes Pier, S Q'fry EH30	7	AF2
Hawkhead Cres EH16	42	BJ19
Hawkhead Gro EH16	42	BJ19
Hawkhill EH7	14	BK8
Hawkhill Av EH7	14	BJ8
Hawkhill Ct EH7	14	BK8
Hawkins Ter, Pen. EH26	64	BD34
Hawthorn Bk, S Q'fry EH30	6	AD2
Hawthorn Bldgs 5 EH4	24	BB11
Hawthorn Cres (Mayf.), Dalk. EH22	55	BZ27
Hawthorn Gdns, Lnhd EH20	52	BK26
Hawthorn Pl EH17	43	BN21
Hawthorn Rd, Pres. EH32	16	CK10
Hawthorn Ter 5 EH4	4	BC11
Hawthorn Ter (Cock.), Pres. EH32	16	CK8

Hawthornbank **1** (Cock.), Pres. *EH32* 16 CK7
Hawthornbank La *EH4* 4 BC11
Hawthornbank Pl *EH6* 13 BG5
Hawthornbank Ter **20** *EH6* 13 BG5
Hawthornden Av, Bonny. *EH19* 61 BQ29
Hawthornden Gdns, Bonny. *EH19* 61 BQ28
Hawthornden Pl *EH7* 25 BG8
Hawthornvale *EH6* 13 BF5
Hay Av *EH16* 27 BP15
Hay Dr *EH16* 27 BQ15
Hay Pl *EH16* 27 BP15
Hay Rd *EH16* 27 BP15
Hay Ter *EH16* 27 BP15
Hayfield *EH12* 21 AQ11
Haymarket *EH12* 4 BC12
Haymarket Ter *EH12* 24 BB12
Haymarket Yards *EH12* 24 BB12
Hazel Dr, Bonny. *EH19* 61 BR29
Hazel La, Lnhd *EH20* 59 BG28
Hazelbank Ter *EH11* 40 BA15
Hazeldean Ter *EH16* 42 BK18
Hazelwood Gro *EH16* 42 BL17
Headrigg Row *EH16* 42 BK18
Hedge Row, Lnhd *EH20* 59 BG28
Henderland Rd *EH12* 23 AZ12
Henderson Gdns **4** *EH6* 13 BH6
Henderson Gdns, Tran. *EH33* 33 CM13
Henderson Pl *EH3* 25 BE9
Henderson Pl La *EH3* 24 BD9
Henderson Row *EH3* 24 BD9
Henderson St *EH6* 13 BH6
Henderson Ter *EH11* 40 BB14
Henry Pl *EH8* 5 BH13
Henry Ross Pl, S Q'fry *EH30* 6 AD2
Henry St *EH8* 5 BH13
Hepburn Dr, Dalk. *EH22* 55 BY25
Hercus Ln, Muss. *EH21* 29 BX13
Herd Ter, Lnhd *EH20* 60 BJ28
Heriot Br *EH1* 4 BE12
Heriot Cross **17** *EH1* 4 BE12
Heriot Hill Ter *EH7* 25 BE8
Heriot Pl *EH3* 4 BE12
Heriot Row *EH3* 4 BD10
Heriot-Watt Research Pk (Ricc.), Currie *EH14* 47 AN19
Hermand Cres *EH11* 40 BA15
Hermand St *EH11* 39 AZ15
Hermand Ter *EH11* 39 AZ15
Hermiston Ct *EH11* 38 AT17
Hermiston Gait Retail Pk *EH11* 37 AQ17
Hermiston Ho Rd *EH12* 36 AM17
Hermiston Ho Rd, Currie *EH14* 37 AN18
Hermitage Dr *EH10* 40 BD18
Hermitage Gdns *EH10* 40 BD18
Hermitage Pk *EH6* 14 BK8
Hermitage Pk Gro *EH6* 14 BK8
Hermitage Pk Lea *EH6* 14 BK8
Hermitage Pk S *EH6* 14 BK8
Hermitage Pl *EH6* 14 BJ7
Hermitage Ter *EH10* 40 BD17
Hermits Cft *EH8* 5 BH13
Heugh, The, Tran. *EH33* 33 CL12

Higginson Ln (Mayf.), Dalk. *EH22* 69 CA30
High Buckstone *EH10* 51 BE21
High Pk Ri, Pen. *EH26* 67 BB39
High Riggs *EH3* 4 BE12
High Sch Yards *EH1* 5 BG12
High St *EH1* 5 BF11
High St, Bonny. *EH19* 53 BR27
High St, Dalk. *EH22* 55 BW24
High St, K'lis. *EH29* 18 AD10
High St, Lass. *EH18* 53 BQ26
High St, Lnhd *EH20* 52 BL27
High St, Muss. *EH21* 29 BY13
High St, Pen. *EH26* 67 BB39
High St, Pres. *EH32* 16 CG10
High St (Cock.), Pres. *EH32* 17 CL7
High St, S Q'fry *EH30* 7 AE2
High St, Tran. *EH33* 33 CM13
Highlea Circle, Bal. *EH14* 56 AK28
Highlea Gro, Bal. *EH14* 56 AK27
Highway, The *EH8* 27 BN11
Hill Ct **2**, S Q'fry *EH30* 6 AD2
Hill Pl *EH8* 5 BG12
Hill Pl (Mayf.), Dalk. *EH22* 69 CA30
Hill Sq *EH8* 5 BG12
Hill St *EH2* 4 BD10
Hill St La N *EH2* 4 BD10
Hill St La S *EH2* 4 BE11
Hillcoat Ln **4** *EH15* 27 BQ10
Hillcoat Pl **5** *EH15* 27 BQ10
Hillend *EH10* 51 BE25
Hillend Pl **10** *EH8* 26 BL10
Hillhead, Bonny. *EH19* 53 BR27
Hillhouse Rd *EH4* 22 AV8
Hillpark Av *EH4* 22 AV8
Hillpark Brae *EH4* 22 AV10
Hillpark Ct *EH4* 22 AV8
Hillpark Cres *EH4* 22 AV9
Hillpark Dr *EH4* 22 AV8
Hillpark Gdns *EH4* 22 AV9
Hillpark Grn *EH4* 22 AV9
Hillpark Gro *EH4* 22 AV9
Hillpark Ln *EH4* 23 AW9
Hillpark Rd *EH4* 22 AV9
Hillpark Ter *EH4* 22 AV9
Hillpark Way *EH4* 23 AW9
Hillpark Wd *EH4* 23 AW9
Hillside Cres *EH7* 25 BG9
Hillside Cres N, Gore. *EH23* 68 BZ35
Hillside Cres S, Gore. *EH23* 68 BZ35
Hillside Rd (Craig.), S Q'fry *EH30* 20 AM7
Hillside St *EH7* 25 BH9
Hillside Ter (Craig.), S Q'fry *EH30* 8 AM6
Hilltown Ter (Wool.), Dalk. *EH22* 44 BS18
Hillview *EH4* 23 AX9
Hillview Cotts (Ratho), Newbr. *EH28* 35 AF18
Hillview Cres *EH12* 22 AT12
Hillview Dr *EH12* 22 AS12
Hillview Gdns, Lnhd *EH20* 59 BH28
Hillview Rd *EH12* 22 AS12
Hillview Ter *EH12* 22 AS12
Hillwood Av (Ratho Sta), Newbr. *EH28* 35 AE14

Hillwood Cres (Ratho Sta), Newbr. *EH28* 35 AE14
Hillwood Gdns (Ratho Sta), Newbr. *EH28* 35 AE13
Hillwood Pl **4**, S Q'fry *EH30* 6 AD2
Hillwood Ri (Ratho Sta), Newbr. *EH28* 35 AE14
Hillwood Rd (Ratho Sta), Newbr. *EH28* 35 AE14
Hillwood Ter (Ratho Sta), Newbr. *EH28* 35 AE14
Hogarth Av, Gore. *EH23* 63 BY33
Holly Ter, Bonny. *EH19* 61 BR29
Holly Wk, Lnhd *EH20* 59 BG28
Hollybank (Mayf.), Dalk. *EH22* 69 CA28
Hollybank Ter *EH11* 40 BA15
Holyrood Ct *EH8* 5 BH11
Holyrood Pk *EH16* 26 BJ11
Holyrood Pk Rd *EH16* 41 BH14
Holyrood Rd *EH8* 5 BG11
Home St *EH3* 4 BD13
Hope La *EH15* 27 BR12
Hope La N *EH15* 27 BR11
Hope Pk Cres *EH8* 5 BG13
Hope Pk Sq **1** *EH8* 5 BG13
Hope Pk Ter *EH8* 5 BG13
Hope Pl, Muss. *EH21* 30 CB13
Hope Pl, Tran. *EH33* 30 CB13
Hope St *EH2* 4 BD11
Hope St, S Q'fry *EH30* 6 AD3
Hope St La *EH2* 4 BD11
Hope Ter *EH9* 41 BE15
Hopefield Pk, Bonny. *EH19* 61 BQ29
Hopefield Pl, Bonny. *EH19* 61 BQ29
Hopefield Ter *EH6* 13 BG5
Hopefield Ter, Bonny. *EH19* 61 BQ29
Hopetoun Cres *EH7* 25 BF9
Hopetoun Rd, S Q'fry *EH30* 6 AD2
Hopetoun St *EH7* 25 BG9
Horne Ter *EH11* 4 BC13
Horsburgh Bk, Bal. *EH14* 46 AL24
Horsburgh Gdns, Bal. *EH14* 46 AL24
Horsburgh Gro, Bal. *EH14* 46 AL24
Horse Wynd *EH8* 5 BH11
Hoseason Gdns *EH4* 22 AT10
Hosie Rigg *EH15* 27 BR14
House o'Hill Av *EH4* 23 AW8
House o'Hill Brae *EH4* 23 AW8
House o'Hill Cres *EH4* 23 AW8
House o'Hill Gdns *EH4* 23 AX8
House o'Hill Grn *EH4* 23 AW8
House o'Hill Gro *EH4* 23 AW8
House o'Hill Pl *EH4* 23 AW8
House o'Hill Rd *EH4* 23 AX8
House o'Hill Row *EH4* 23 AX8
House o'Hill Ter *EH4* 23 AX9
Howard Pl *EH3* 25 BE8
Howard St *EH3* 25 BE8
Howden Hall Ct *EH16* 51 BH21
Howden Hall Cres *EH16* 51 BH22
Howden Hall Dr *EH16* 51 BH21
Howden Hall Gdns *EH16* 42 BJ21
Howden Hall Ln *EH16* 51 BH21
Howden Hall Pk *EH16* 51 BH21
Howden Hall Rd *EH16* 52 BJ22
Howden Hall Way *EH16* 52 BJ22
Howden St *EH8* 5 BG12
Howe Dean *EH16* 41 BG19

Name	Page	Grid
Howe Pk *EH10*	50	BB22
Howe St *EH3*	4	BE10
Hugh Miller Pl *EH3*	24	BD9
Hugh Russell Pl, S Q'fry *EH30*	6	AD3
Hughes Cres (Mayf.), Dalk. *EH22*	69	CB29
Humbie Rd, K'lis. *EH29*	18	AC9
Hungerage Sq, Tran. *EH33*	33	CM14
Hunt Cl, Dalk. *EH22*	55	BW23
Hunter Av, Lnhd *EH20*	52	BM27
Hunter Ct, Lnhd *EH20*	52	BM27
Hunter Sq *EH1*	5	BF11
Hunter Sq, Gore. *EH23*	68	BZ35
Hunter Ter, Bonny. *EH19*	61	BR28
Hunter Ter, Lnhd *EH20*	52	BM27
Hunterfield Ct, Gore. *EH23*	68	BY35
Hunterfield Pk, Gore. *EH23*	68	BY34
Hunterfield Rd, Gore. *EH23*	68	BY34
Hunterfield Ter, Gore. *EH23*	68	BX34
Hunter's Cl **43** *EH1*	4	BE12
Hunter's Hill, Pen. *EH26*	66	AZ37
Huntingdon Pl *EH7*	25	BG9
Huntly St *EH3*	25	BE8
Hursted Av (Easth.), Dalk. *EH22*	55	BZ28
Hutchison Av *EH14*	39	AY16
Hutchison Cotts *EH14*	39	AY16
Hutchison Crossway *EH14*	39	AY15
Hutchison Gdns *EH14*	39	AY16
Hutchison Gro *EH14*	39	AZ15
Hutchison Ho *EH14*	39	AZ15
Hutchison Ln *EH14*	39	AY16
Hutchison Medway *EH14*	39	AZ15
Hutchison Pk *EH14*	39	AY15
Hutchison Pl *EH14*	39	AY16
Hutchison Rd *EH14*	39	AZ15
Hutchison Ter *EH14*	39	AY16
Hutchison Vw *EH14*	39	AY15
Hutton Cl *EH8*	5	BH11
Hutton Rd *EH8*	5	BH11
Hyvot Av *EH17*	42	BM21
Hyvot Bk Av *EH17*	43	BN21
Hyvot Ct *EH17*	52	BM22
Hyvot Gdns *EH17*	42	BM21
Hyvot Grn *EH17*	52	BM22
Hyvot Gro *EH17*	42	BM21
Hyvot Ln *EH17*	42	BM21
Hyvot Pk *EH17*	42	BM21
Hyvot Ter *EH17*	42	BM21
Hyvot Vw *EH17*	52	BM22

I

Name	Page	Grid
Imperial Dock *EH6*	14	BJ4
Imrie Pl, Pen. *EH26*	67	BB38
Inchcolm Ct *EH4*	11	AY6
Inchcolm Ter, S Q'fry *EH30*	6	AD3
Inchgarvie Ct *EH4*	11	AZ7
Inchgarvie Pk, S Q'fry *EH30*	6	AC2
Inchkeith Av, S Q'fry *EH30*	7	AE3
Inchkeith Ct *EH7*	25	BG8
Inchmickery Ct *EH4*	11	AW6
Inchview, Pres. *EH32*	16	CG10
Inchview Cres (Wall.), Muss. *EH21*	31	CE14
Inchview N, Pres. *EH32*	16	CG10
Inchview Rd (Wall.), Muss. *EH21*	31	CD14
Inchview Ter *EH7*	27	BP10
India Bldgs **18** *EH1*	5	BF12
India Pl *EH3*	4	BD10
India St *EH3*	4	BD10
Industrial Rd *EH6*	14	BJ7
Industry Home **7** *EH6*	13	BG6
Industry La *EH6*	13	BG6
Infirmary St *EH1*	5	BG12
Inglewood Pl *EH16*	42	BK19
Inglis Av (Port S.), Pres. *EH32*	17	CL7
Inglis Ct **19** *EH1*	4	BE12
Inglis Fm (Cock.), Pres. *EH32*	17	CL7
Inglis Grn Rigg *EH14*	39	AX17
Inglis Grn Rd *EH14*	39	AX17
Ingliston Rd (Inglis.), Newbr. *EH28*	35	AH13
Inkerman Ct, Pen. *EH26*	64	BC35
Inveralmond Dr *EH4*	9	AQ6
Inveralmond Gdns *EH4*	9	AQ6
Inveralmond Gro *EH4*	9	AQ6
Inveravon Rd, Lnhd *EH20*	52	BK26
Inveravon Ter, Muss. *EH21*	29	BY14
Inveresk Brae, Muss. *EH21*	29	BZ14
Inveresk Est, The (Inv.), Muss. *EH21*	29	BZ15
Inveresk Gate **2** (Inv.), Muss. *EH21*	29	BZ14
Inveresk Mills Ind Pk, Muss. *EH21*	29	BX14
Inveresk Rd, Muss. *EH21*	29	BY14
Inveresk Village Rd, Muss. *EH21*	29	BY14
Inverleith Av *EH3*	12	BD7
Inverleith Av S *EH3*	12	BD7
Inverleith Gdns *EH3*	12	BC7
Inverleith Gro *EH3*	24	BB8
Inverleith Pl *EH3*	12	BC7
Inverleith Pl La *EH3*	12	BD7
Inverleith Row *EH3*	12	BD7
Inverleith Ter *EH3*	24	BD8
Inverleith Ter La *EH3*	24	BD8
Iona St *EH6*	25	BH8
Ironmills Rd, Dalk. *EH22*	54	BV24
Ivanhoe Cres *EH16*	42	BK18
Ivy Ter *EH11*	40	BA14

J

Name	Page	Grid
Jackson St, Pen. *EH26*	66	BA38
Jacobite Way, Pres. *EH32*	17	CL10
Jacobs Way, Gore. *EH23*	68	BY35
Jamaica Ms *EH3*	4	BD10
Jamaica St *EH3*	4	BD10
Jamaica St N La *EH3*	4	BD10
Jamaica St S La *EH3*	4	BD10
Jamaica St W **15** *EH3*	4	BD10
James' Ct **28** *EH1*	5	BF11
James Craig Wk *EH1*	5	BF10
James Lean Av, Dalk. *EH22*	55	BX24
James Leary Way, Bonny. *EH19*	54	BS27
James St *EH15*	28	BS11
James St, Muss. *EH21*	29	BZ13
James St La *EH15*	28	BS11
Jameson Pl *EH6*	25	BH8
Jane St *EH6*	13	BH7
Jane Ter **8** *EH7*	26	BJ10
Janefield *EH17*	52	BJ23
Jarnac Ct **5**, Dalk. *EH22*	55	BW24
Jawbone Wk *EH3*	5	BF13
Jean Armour Av *EH16*	42	BJ18
Jean Armour Dr, Dalk. *EH22*	55	BZ25
Jeffrey Av *EH4*	23	AX10
Jeffrey St *EH1*	5	BF11
Jenks Ln (Newt.), Dalk. *EH22*	62	BV30
Jessfield Ter *EH6*	13	BF5
Jewel, The *EH15*	27	BR14
John Bernard Way **1**, Gore. *EH23*	68	BY37
John Cotton Business Cen *EH7*	14	BJ9
John Cres, Tran. *EH33*	33	CL13
John Humble St (Mayf.), Dalk. *EH22*	69	CA30
John Knox Pl, Pen. *EH26*	67	BB38
John Mason Ct, S Q'fry *EH30*	7	AE3
John Moat Pl, Pres. *EH32*	16	CH10
John Muir Way, Muss. *EH21*	29	BY12
John St *EH15*	28	BS11
John St, Pen. *EH26*	67	BB38
John St La *EH15*	28	BS11
John St La, Pen. *EH26*	66	BA38
John St La E *EH15*	28	BS11
John St La W *EH15*	28	BS11
Johnnie Cope's Rd, Pres. *EH32*	32	CJ11
Johnnie Cope's Rd, Tran. *EH33*	32	CJ12
John's La *EH6*	14	BJ6
John's Pl *EH6*	14	BJ7
Johnsburn Grn, Bal. *EH14*	56	AK26
Johnsburn Haugh, Bal. *EH14*	56	AK26
Johnsburn Pk, Bal. *EH14*	56	AK27
Johnsburn Rd, Bal. *EH14*	56	AK26
Johnston Pl, Pen. *EH26*	64	BB35
Johnston Ter *EH1*	4	BE12
Johnston Ter (Port S.), Pres. *EH32*	17	CM7
Joppa Gdns *EH15*	28	BS12
Joppa Gro *EH15*	28	BS12
Joppa Pans *EH15*	28	BU12
Joppa Pk *EH15*	28	BT11
Joppa Rd *EH15*	28	BS12
Joppa Ter *EH15*	28	BS12
Jordan La *EH10*	40	BD16
Jubilee Cres, Gore. *EH23*	68	BY34
Jubilee Rd *EH12*	19	AH12
Junction Pl *EH6*	13	BH7
Juner Pl, Gore. *EH23*	68	BY34
Juniper Av, Jun. Grn *EH14*	48	AS21
Juniper Gdns, Jun. Grn *EH14*	48	AS21
Juniper Gro, Jun. Grn *EH14*	48	AS21
Juniper La **2**, Jun. Grn *EH14*	48	AT21
Juniper Pk Rd, Jun. Grn *EH14*	48	AT21
Juniper Pl, Jun. Grn *EH14*	48	AS22
Juniper Ter, Jun. Grn *EH14*	48	AS21

Juniperlee, Jun. Grn EH14 48 AT21

K

Kaimes Rd EH12 22 AU12
Kaimes Vw (Dand.), 43 BR20
Dalk. EH22
Katesmill Rd EH14 39 AX19
Kay Gdns (Cock.), 17 CL7
Pres. EH32
Kedslie Pl EH16 51 BH20
Kedslie Rd EH16 51 BH20
Keir Hardie Dr (Mayf.), 69 CA30
Dalk. EH22
Keir St EH3 4 BE12
Keith Cres EH4 23 AX10
Keith Row EH4 23 AY10
Keith Ter EH4 23 AY10
Kekewich Av EH7 15 BP9
Kemp Pl EH3 24 BD9
Kempston Pl, S Q'fry EH30 7 AE3
Kenilworth Dr EH16 42 BJ19
Kenmure Av EH8 26 BL11
Kennedy Cres, Tran. EH33 33 CM12
Kennington Av, Lnhd EH20 60 BK28
Kennington Ter, 52 BK27
Lnhd EH20
Kentigern Mall, Pen. EH26 67 BB38
Kerr Av, Dalk. EH22 54 BU25
Kerr Rd, Tran. EH33 33 CL13
Kerr St EH3 24 BD9
Kerr Way **15**, Tran. EH33 33 CL14
Kerr-McNeill Service Rd 33 CL14
14, Tran. EH33
Kerr's Wynd, Muss. EH21 29 BZ13
Kevock Rd, Lass. EH18 53 BP27
Kevock Vale Caravan Pk, 53 BQ27
Lass. EH18
Kew Ter EH12 24 BA12
Kilchurn Ct **3** EH12 21 AQ12
Kilgraston Ct EH9 41 BE15
Kilgraston Rd EH9 41 BF15
Kilmaurs Rd EH16 26 BJ15
Kilmaurs Ter EH16 26 BJ15
Kilncroftside EH14 39 AX17
Kilngate Brae EH17 52 BM22
Kilwinning Pl, Muss. EH21 29 BY13
Kilwinning St, Muss. EH21 29 BZ13
Kilwinning Ter, Muss. EH21 29 BZ13
Kincaid's Ct EH1 5 BF12
Kinellan Gdns EH12 23 AY12
Kinellan Rd EH12 23 AY11
King Edwards Way, 18 AC10
K'lis. EH29
King George V Pk, 61 BQ28
Bonny. EH19
King Malcolm Cl EH10 51 BF22
King St EH6 13 BH6
King St, Muss. EH21 29 BZ14
Kinghorn Pl EH6 13 BF6
King's Br EH3 4 BE12
King's Bldgs EH9 41 BH17
King's Cramond EH4 9 AR6
Kings Haugh EH16 26 BL15
King's Meadow EH16 26 BK15
King's Pl EH15 15 BQ9
King's Rd EH15 27 BQ10
King's Rd, Tran. EH33 33 CL14
King's Stables La EH1 4 BE12
King's Stables Rd EH1 4 BE12
King's Ter EH15 27 BP10

Kingsburgh Rd EH12 23 AY12
Kingsknowe Av EH14 39 AW18
Kingsknowe Ct EH14 38 AV18
Kingsknowe Cres EH14 39 AW18
Kingsknowe Dr EH14 39 AW18
Kingsknowe Gdns EH14 39 AW19
Kingsknowe Gro EH14 39 AW19
Kingsknowe Pk EH14 39 AW19
Kingsknowe Pl EH14 38 AV18
Kingsknowe Rd N EH14 39 AW17
Kingsknowe Rd S EH14 39 AW18
Kingsknowe Ter EH14 39 AW18
Kingslaw Ct, Tran. EH33 33 CM14
Kingston Av EH16 42 BL18
Kinleith Ind Est, 47 AR23
Currie EH14
Kinnear Rd EH3 12 BB7
Kippielaw Dr (Easth.), 55 BY25
Dalk. EH22
Kippielaw Gdns (Easth.), 55 BY26
Dalk. EH22
Kippielaw Medway 55 BY26
(Easth.), Dalk. EH22
Kippielaw Pk (Mayf.), 55 BZ27
Dalk. EH22
Kippielaw Rd (Easth.), 55 BY26
Dalk. EH22
Kippielaw Wk (Easth.), 55 BY25
Dalk. EH22
Kirk Brae EH16 42 BJ18
Kirk Cramond EH4 10 AS5
Kirk Ln EH12 22 AU13
Kirk Pk EH16 42 BJ19
Kirk St EH6 13 BH7
Kirk St, Pres. EH32 16 CH10
Kirk Vw, Pen. EH26 67 BB39
Kirkgate EH6 14 BJ6
Kirkgate EH16 42 BJ20
Kirkgate, Currie EH14 47 AQ23
Kirkhill Ct, Gore. EH23 68 BY36
Kirkhill Dr EH16 26 BJ15
Kirkhill Gdns EH16 26 BJ14
Kirkhill Gdns, Pen. EH26 67 BB38
Kirkhill Rd EH16 26 BJ14
Kirkhill Rd, Pen. EH26 67 BB38
Kirkhill Ter EH16 26 BJ14
Kirkhill Ter, Gore. EH23 63 BW34
Kirkhill Way, Pen. EH26 67 BB38
Kirklands EH12 38 AT15
Kirklands, Pen. EH26 66 BA38
Kirklands Pk Cres, 18 AB9
K'lis. EH29
Kirklands Pk Gdns, 18 AB9
K'lis. EH29
Kirklands Pk Gro, 18 AB9
K'lis. EH29
Kirklands Pk Rigg, 18 AC9
K'lis. EH29
Kirklands Pk St, K'lis. 18 AB9
EH29
Kirkliston Rd, Newbr. 18 AB12
EH28
Kirkliston Rd, S Q'fry EH30 6 AD3
Kirkstyle Gdns, K'lis. EH29 18 AD10
Kirkton Bk, Pen. EH26 66 AZ38
Kirkwood Pl **9** EH7 26 BJ10
Kisimul Ct **7** EH12 21 AR12
Kittle Yards EH9 41 BG14
Klondyke St (Newcr.), 28 BU15
Muss. EH21

Klondyke Way (Newcr.), 28 BT15
Muss. EH21
Knightslaw Pl, Pen. EH26 66 AZ38
Knowetop Pl, Ros. EH25 65 BH32
Komarom Pl, Dalk. EH22 55 BZ24
Kyle Pl EH7 5 BH10

L

Laburnum Av (Port S.), 17 CM7
Pres. EH32
Laburnum Pl (Mayf.), 69 CA29
Dalk. EH22
Lade, The, Bal. EH14 56 AM27
Ladehead EH6 13 BF7
Ladiemeadow EH12 38 AU14
Lady Brae, Gore. EH23 68 BZ36
Lady Brae Pl, Gore. EH23 68 CA35
Lady Emily Way, 68 BY35
Gore. EH23
Lady Lawson St EH3 4 BE12
Lady Menzies Pl EH7 26 BJ10
Lady Nairne Cres EH8 26 BM12
Lady Nairne Gro EH8 26 BM12
Lady Nairne Ln EH8 26 BM12
Lady Nairne Pl EH8 26 BM12
Lady Rd EH16 42 BJ16
Lady Rd Pl **2** (Newt.), 63 BX29
Dalk. EH22
Lady Stair's Cl **6** EH1 5 BF11
Lady Wynd EH1 4 BE12
Ladycroft, Bal. EH14 56 AL26
Ladysmith Rd EH9 41 BG17
Ladywell, Muss. EH21 29 BY13
Ladywell Av EH12 22 AT13
Ladywell Ct EH12 22 AT13
Ladywell Gdns EH12 22 AT13
Ladywell Ho EH12 22 AT13
Ladywell Rd EH12 22 AS13
Ladywell Way, Muss. EH21 29 BY13
Laichfield EH14 39 AX16
Laichpark La **3** EH14 39 AX16
Laichpark Pl EH14 39 AX16
Laichpark Rd EH14 39 AX16
Laing Ter EH15 28 BS11
Laing Ter, Pen. EH26 67 BB36
Laird Ter, Bonny. EH19 62 BS29
Lamb's Cl **2** EH8 5 BG13
Lamb's Ct **8** EH6 13 BE4
Lamb's Pend, Pen. EH26 67 BB39
Lammermoor Gdns, 32 CK13
Tran. EH33
Lammermoor Ter EH16 42 BL18
Lammermoor Ter, 32 CK13
Tran. EH33
Lammerview, Tran. EH33 33 CL14
Lampacre Rd EH12 38 AU14
Lanark Rd EH13 48 AV20
Lanark Rd EH14 39 AW19
Lanark Rd, Jun. Grn EH14 48 AT22
Lanark Rd W, Bal. EH14 56 AJ25
Lanark Rd W, Currie EH14 47 AQ23
Lang Linn Path EH10 41 BE18
Lang Ln EH17 52 BK25
Lang Ln, Lnhd EH20 52 BK25
Langlaw Rd, Dalk. EH22 55 BZ27
Langton Rd EH9 41 BG16
Lansbury Ct, Dalk. EH22 55 BW24
Lansdowne Cres EH12 24 BB12
Lapicide Pl EH6 13 BG6
Larbourfield EH11 38 AT18

Larch Cres (Mayf.), Dalk. *EH22* 69 CB29
Larchfield, Bal. *EH14* 56 AL25
Larchfield Neuk, Bal. *EH14* 56 AL25
Largo Pl *EH6* 13 BG6
Larkfield Dr, Dalk. *EH22* 54 BT26
Larkfield Rd, Dalk. *EH22* 54 BU25
Lasswade Bk *EH17* 52 BL22
Lasswade Gro *EH17* 52 BL22
Lasswade Rd *EH16* 42 BK20
Lasswade Rd *EH17* 42 BL21
Lasswade Rd, Dalk. *EH22* 54 BT25
Lasswade Rd, Lass. *EH18* 53 BP26
Lasswade Rd, Lnhd *EH20* 52 BM27
Latch Pk *EH13* 49 AZ20
Lauder Ln *EH9* 41 BG15
Lauder Rd *EH9* 41 BF14
Lauder Rd, Dalk. *EH22* 55 BX25
Lauderdale St *EH9* 41 BE14
Laurel Bk, Dalk. *EH22* 55 BY25
Laurel Ter **6** *EH11* 40 BA14
Laurelbank Pl **1** (Mayf.), Dalk. *EH22* 69 CA29
Laurelbank Rd (Mayf.), Dalk. *EH22* 69 CA29
Laurie St *EH6* 14 BJ7
Lauriston Fm Rd *EH4* 10 AU7
Lauriston Gdns *EH3* 4 BE12
Lauriston Pk *EH3* 4 BE12
Lauriston Pl *EH3* 4 BD13
Lauriston St *EH3* 4 BE12
Lauriston Ter *EH3* 4 BE12
Laverock Dr, Pen. *EH26* 66 AZ36
Laverockbank Av *EH5* 13 BE5
Laverockbank Cres *EH5* 13 BE5
Laverockbank Gdns *EH5* 13 BE5
Laverockbank Gro *EH5* 13 BE5
Laverockbank Rd *EH5* 13 BE5
Laverockbank Ter *EH5* 13 BE5
Laverockdale Cres *EH13* 49 AX21
Laverockdale Ln *EH13* 49 AX22
Laverockdale Pk *EH13* 49 AX22
Law Pl **16** *EH15* 27 BQ10
Lawers Sq, Pen. *EH26* 67 BC36
Lawfield Rd (Mayf.), Dalk. *EH22* 55 BZ28
Lawhead Pl, Pen. *EH26* 66 AY38
Lawnmarket *EH1* 5 BF11
Lawrie Dr, Pen. *EH26* 66 BA36
Lawrie Ter, Lnhd *EH20* 60 BK28
Lawson Cres, S Q'fry *EH30* 7 AE3
Leadervale Rd *EH16* 41 BH19
Leadervale Ter *EH16* 41 BH19
Leamington Pl *EH10* 4 BD13
Leamington Rd *EH3* 4 BC13
Leamington Ter *EH10* 4 BD13
Learmonth Av *EH4* 24 BB9
Learmonth Ct *EH4* 24 BB10
Learmonth Cres *EH4* 24 BB10
Learmonth Gdns *EH4* 24 BB10
Learmonth Gdns La *EH4* 24 BB10
Learmonth Gdns Ms *EH4* 24 BC9
Learmonth Gro *EH4* 24 BB9
Learmonth Pk *EH4* 24 BB9
Learmonth Pl *EH4* 24 BB9
Learmonth Ter *EH4* 24 BB10
Learmonth Ter La *EH4* 24 BB10
Learmonth Vw **7** *EH4* 4 BC10
Ledi Ter, Pen. *EH26* 67 BC36

Lee Cres *EH15* 27 BQ11
Leighton Cres (Easth.), Dalk. *EH22* 55 BY28
Leith Docks *EH6* 13 BH4
Leith Links *EH6* 14 BJ7
Leith St *EH1* 5 BF10
Leith Wk *EH6* 25 BG9
Leith Wk *EH7* 25 BG9
Lennel Av *EH12* 23 AY11
Lennie Cotts *EH12* 20 AM11
Lennox Row *EH5* 12 BD5
Lennox St *EH4* 4 BC10
Lennox St La *EH4* 4 BC10
Lennymuir *EH12* 20 AK10
Leopold Pl *EH7* 25 BG9
Leslie Pl *EH4* 24 BC9
Leven Cl **4** *EH3* 4 BD13
Leven St *EH3* 4 BD13
Leven Ter *EH3* 4 BE13
Lewis Ter **12** *EH11* 4 BC12
Lewisvale Av, Muss. *EH21* 30 CA14
Lewisvale Ct, Muss. *EH21* 30 CA14
Leyden Pk, Bonny. *EH19* 53 BR27
Leyden Pl **1**, Bonny. *EH19* 61 BR28
Liberton Brae *EH16* 42 BJ19
Liberton Dr *EH16* 41 BH19
Liberton Gdns *EH16* 42 BJ21
Liberton Pl *EH16* 42 BJ20
Liberton Rd *EH16* 42 BJ18
Liddesdale Pl *EH3* 24 BD9
Lidgate Shot (Ratho), Newbr. *EH28* 35 AF17
Lilac Av (Mayf.), Dalk. *EH22* 69 CB29
Lily Ter **1** *EH11* 40 BA15
Lilyhill Ter *EH8* 26 BL10
Lime Gro (Mayf.), Dalk. *EH22* 69 CA29
Lime Pl, Bonny. *EH19* 61 BR29
Limefield *EH17* 53 BN22
Limes, The *EH10* 40 BC15
Lindean Pl *EH6* 14 BK7
Linden Pl **6**, Lnhd *EH20* 52 BM27
Lindores Dr, Tran. *EH33* 33 CM13
Lindsay Pl *EH6* 13 BG5
Lindsay Rd *EH6* 13 BG5
Lindsay St *EH6* 13 BG5
Lingerwood Cotts **1** (Newt.), Dalk. *EH22* 63 BX31
Lingerwood Rd (Newt.), Dalk. *EH22* 63 BW31
Lingerwood Wk (Newt.), Dalk. *EH22* 63 BX31
Linkfield Ct **1**, Muss. *EH21* 30 CA13
Linkfield Rd, Muss. *EH21* 29 BZ13
Links Av, Muss. *EH21* 29 BX12
Links Ct (Port S.), Pres. *EH32* 17 CM7
Links Gdns *EH6* 14 BK6
Links Gdns La *EH6* 14 BK6
Links La **9** *EH6* 14 BJ6
Links Pl *EH6* 14 BJ6
Links Pl (Port S.), Pres. *EH32* 17 CN7
Links Rd (Port S.), Pres. *EH32* 17 CN7
Links St, Muss. *EH21* 29 BY13
Links Vw, Muss. *EH21* 29 BX12
Links Vw (Port S.), Pres. *EH32* 17 CN7

Links Wk (Port S.), Pres. *EH32* 17 CN7
Linksview Ho *EH6* 14 BJ6
Linn Mill, S Q'fry *EH30* 6 AA2
Linty La, Pen. *EH26* 66 AZ37
Lismore Av *EH8* 26 BL10
Lismore Cres *EH8* 26 BL10
Liston Dr, K'lis. *EH29* 18 AC9
Liston Pl, K'lis. *EH29* 18 AC9
Liston Rd, K'lis. *EH29* 18 AC10
Little Acre, Dalk. *EH22* 55 BZ27
Little France Ho *EH17* 42 BM19
Little France Mills **2** *EH16* 42 BM18
Little King St *EH1* 5 BF10
Little Rd *EH16* 42 BJ20
Littlejohn Rd *EH10* 40 BA19
Livesey Ter, Pen. *EH26* 64 BC35
Livingstone Pl *EH9* 41 BF14
Lixmount Av *EH5* 13 BE5
Lixmount Gdns *EH5* 13 BE5
Loan, The, Lnhd *EH20* 60 BK28
Loan, The, S Q'fry *EH30* 6 AD2
Loanburn, Pen. *EH26* 66 BA38
Loanburn Av, Pen. *EH26* 67 BB37
Loanhead Rd (Strait.), Lnhd *EH20* 52 BJ25
Loaning Cres *EH7* 14 BM9
Loaning Rd *EH7* 14 BL9
Loch Pl, S Q'fry *EH30* 6 AD2
Loch Rd *EH4* 23 AW9
Loch Rd, S Q'fry *EH30* 6 AD2
Loch Rd, Tran. *EH33* 33 CM13
Loch Sq, Tran. *EH33* 33 CM13
Lochend (Ratho Sta), Newbr. *EH28* 34 AD13
Lochend Av *EH7* 14 BK9
Lochend Castle Barns *EH7* 14 BK9
Lochend Cl *EH8* 5 BH11
Lochend Cres *EH7* 14 BL9
Lochend Dr *EH7* 14 BK9
Lochend Gdns *EH7* 14 BK9
Lochend Gro *EH7* 14 BL9
Lochend Ind Est, Newbr. *EH28* 34 AD14
Lochend Pk *EH7* 14 BK9
Lochend Quad *EH7* 14 BL9
Lochend Rd *EH6* 14 BK8
Lochend Rd *EH7* 14 BK8
Lochend Rd, K'lis. *EH29* 18 AC11
Lochend Rd, Newbr. *EH28* 18 AC12
Lochend Rd N, Muss. *EH21* 29 BX13
Lochend Rd S *EH7* 14 BK9
Lochend Rd S, Muss. *EH21* 29 BX13
Lochend Sq *EH7* 14 BK9
Lochrin Bldgs *EH3* 4 BD13
Lochrin Pl *EH3* 4 BD13
Lochrin Ter **5** *EH3* 4 BD13
Lochside Av *EH12* 37 AP14
Lochside Ct *EH12* 37 AQ15
Lochside Cres *EH12* 37 AQ15
Lochside Pl *EH12* 37 AQ15
Lochside Vw *EH12* 37 AP14
Lochside Way *EH12* 37 AQ15
Lochview Ct *EH8* 5 BH11
Lockerby Cotts *EH16* 42 BL21
Lockerby Cres *EH16* 42 BL21
Lockerby Gro *EH16* 42 BL21
Lockhart Ter, Ros. *EH25* 65 BH32
Lockharton Av *EH14* 39 AZ17

Lockharton Cres *EH14* 39 AZ17
Lockharton Gdns *EH14* 40 BA16
Logan St *EH3* 25 BE9
Loganlea Av *EH7* 14 BM9
Loganlea Dr *EH7* 26 BL10
Loganlea Gdns *EH7* 14 BL9
Loganlea Ln *EH7* 14 BM9
Loganlea Pl *EH7* 26 BM10
Loganlea Rd *EH7* 14 BM9
Loganlea Ter *EH7* 14 BM9
Logie Grn Gdns *EH7* 25 BE8
Logie Grn Ln *EH7* 25 BE8
Logie Grn Rd *EH7* 25 BE8
Logie Mill *EH7* 25 BE8
Lomond Rd *EH5* 12 BD5
Lomond Vale, Pen. *EH26* 67 BC36
Lomond Wk, Lnhd *EH20* 59 BH26
London Rd *EH7* 5 BG10
London Rd *EH8* 26 BL10
London Rd, Dalk. *EH22* 55 BW24
London St *EH3* 25 BF9
Long Craig Rigg *EH5* 11 AY4
Long Craig Rd *EH5* 11 AY4
Long Craigs (Port S.), 17 CN8
  Pres. *EH32*
Long Crook, S Q'fry *EH30* 6 AC3
Long Dalmahoy Rd, 46 AL22
  Bal. *EH14*
Longdykes Rd, Pres. *EH32* 16 CK9
Longformacus Rd *EH16* 42 BJ20
Longstone Av *EH14* 39 AW17
Longstone Cotts 1 *EH14* 39 AW17
Longstone Cres *EH14* 39 AW17
Longstone Gdns *EH14* 38 AV16
Longstone Gro *EH14* 39 AW17
Longstone Pk *EH14* 39 AW17
Longstone Pl *EH14* 39 AW17
Longstone Rd *EH14* 39 AW17
Longstone St *EH14* 39 AW17
Longstone Ter *EH14* 38 AV16
Longstone Vw *EH14* 38 AV16
Lonsdale Ter *EH3* 4 BE13
Lord Russell Pl 6 *EH9* 41 BG14
Loretto Ct, Muss. *EH21* 29 BX15
Lorimer Vw, Jun. 48 AU21
  Grn *EH14*
Lorne Gro (Strait.), 52 BJ26
  Lnhd *EH20*
Lorne Pl *EH6* 25 BH8
Lorne Sq *EH6* 25 BH8
Lorne St *EH6* 25 BH8
Lothian, Bal. *EH14* 54 BV26
Lothian Dr (Easth.), 55 BY27
  Dalk. *EH22*
Lothian Rd *EH1* 4 BD11
Lothian Rd *EH3* 4 BD11
Lothian Rd, Dalk. *EH22* 55 BW24
Lothian St *EH1* 5 BF12
Lothian St, Bonny. *EH19* 61 BR28
Lothian St, Dalk. *EH22* 55 BW24
Lothian St, Rose. *EH24* 60 BM33
Lothian Ter (Newt.), 63 BX31
  Dalk. *EH22*
Lothianburn Junct *EH10* 50 BD23
Louisa Sq, Rose. *EH24* 60 BM33
Lovedale Av, Bal. *EH14* 56 AK26
Lovedale Cres, Bal. *EH14* 56 AK26
Lovedale Gdns, Bal. *EH14* 56 AL26
Lovedale Gro, Bal. *EH14* 56 AK26
Lovedale Rd, Bal. *EH14* 56 AL26

Lovers La, S Q'fry *EH30* 7 AE3
Lovers' Ln *EH9* 41 BF14
Lower Broomieknowe, 61 BQ28
  Lass. *EH18*
Lower Gilmore Pl *EH3* 4 BC13
Lower Granton Rd *EH5* 12 BD5
Lower Joppa *EH15* 28 BS11
Lower London Rd *EH7* 26 BJ10
Lower Valleyfield Vw, 67 BB39
  Pen. *EH26*
Lowrie Av, Pen. *EH26* 66 AY38
Lufra Bk *EH5* 12 BC5
Lugton Brae, Dalk. *EH22* 54 BV23
Lumsden Ct (Ratho), 35 AF17
  Newbr. *EH28*
Lussielaw Rd *EH9* 41 BH17
Lutton Pl *EH8* 5 BG13
Lygon Rd *EH16* 41 BH17
Lyndene Sq, Lnhd *EH20* 59 BH26
Lyne St *EH7* 26 BJ10
Lyne Ter, Pen. *EH26* 67 BC36
Lynedoch Pl *EH3* 4 BC11
Lynedoch Pl La *EH3* 4 BC11

M

Maby's Way, Newbr. *EH28* 19 AF12
Mac Cormick Ter, 64 BB35
  Pen. *EH26*
Macbeth Moir Rd, 30 CC13
  Muss. *EH21*
Macdowall Rd *EH9* 41 BG16
Mackenzie Pl *EH3* 4 BD10
Maclean Pl, Gore. *EH23* 68 BZ34
Maclean Pl, Lass. *EH18* 61 BN29
Mactaggart Ln (Newt.), 63 BX31
  Dalk. *EH22*
Madeira Pl *EH6* 13 BG6
Madeira St *EH6* 13 BG6
Maesterton Pl (Newt.), 63 BX31
  Dalk. *EH22*
Magdala Cres *EH12* 24 BB12
Magdala Ms *EH12* 24 BB12
Magdalene Av *EH15* 27 BR13
Magdalene Ct *EH15* 27 BR13
Magdalene Dr *EH15* 27 BR13
Magdalene Gdns *EH15* 27 BR13
Magdalene Ln *EH15* 27 BR13
Magdalene Medway *EH15* 27 BR13
Magdalene Pl *EH15* 27 BR13
Maidencraig Ct *EH4* 23 AY9
Maidencraig Cres *EH4* 23 AY9
Maidencraig Gro *EH4* 23 AY9
Main Pt *EH3* 4 BE12
Main St (David.M.) *EH4* 22 AV8
Main St, Bal. *EH14* 56 AL25
Main St (Newt.), 63 BW30
  Dalk. *EH22*
Main St, Gore. *EH23* 68 BY36
Main St, K'lis. *EH29* 18 AD9
Main St, Lnhd *EH20* 59 BH28
Main St (Ratho), 35 AF17
  Newbr. *EH28*
Main St, Ros. *EH25* 59 BH31
Main St (Dalm.), S 7 AG4
  Q'fry *EH30*
Mains of Craigmillar 42 BM17
  EH16
Maitland Av, Muss. *EH21* 29 BW13
Maitland Hog La, 18 AC10
  K'lis. *EH29*

Maitland Pk Rd, 29 BW13
  Muss. *EH21*
Maitland Rd, K'lis. *EH29* 18 AC9
Maitland St, Muss. *EH21* 29 BW13
Malbet Pk *EH16* 42 BK20
Malbet Wynd *EH16* 42 BK20
Mall Av, Muss. *EH21* 29 BY13
Malleny Av, Bal. *EH14* 56 AL26
Malleny Millgate, 56 AM28
  Bal. *EH14*
Malta Grn 8 *EH4* 24 BD9
Malta Ter *EH4* 24 BD9
Manderston St *EH6* 13 BH7
Mannering Pl *EH16* 42 BK19
Manor Pl *EH3* 4 BC11
Manse La, Muss. *EH21* 29 BZ13
Manse La (Port S.), 17 CL7
  Pres. *EH32*
Manse Rd *EH12* 22 AT13
Manse Rd, K'lis. *EH29* 18 AC10
Manse Rd, Ros. *EH25* 60 BJ32
Manse St *EH12* 22 AT13
Mansfield Av (Newt.), 63 BX29
  Dalk. *EH22*
Mansfield Av, Muss. *EH21* 29 BY14
Mansfield Ct, Muss. *EH21* 29 BZ14
Mansfield Pl *EH3* 25 BF9
Mansfield Pl (Newt.), 63 BX29
  Dalk. *EH22*
Mansfield Pl, Muss. *EH21* 29 BY14
Mansfield Rd, Bal. *EH14* 56 AL27
Mansfield Rd (Newt.), 63 BX29
  Dalk. *EH22*
Mansfield Rd, Muss. *EH21* 29 BY13
Mansionhouse Rd *EH9* 41 BF14
March Gait *EH4* 22 AV9
March Gro *EH4* 22 AV9
March Pines *EH4* 22 AV9
March Rd *EH4* 22 AV9
Marchbank Dr, Bal. *EH14* 56 AL27
Marchbank Gdns, 56 AL27
  Bal. *EH14*
Marchbank Gro, Bal. *EH14* 56 AL27
Marchbank Pl, Bal. *EH14* 56 AL27
Marchbank Way, Bal. *EH14* 56 AL26
Marchburn Dr, Pen. *EH26* 66 AY38
Marchfield Gro *EH4* 23 AW8
Marchfield Pk *EH4* 22 AV8
Marchfield Pk La *EH4* 22 AV8
Marchfield Ter *EH4* 23 AW9
Marchhall Cres *EH16* 26 BJ14
Marchhall Pl *EH16* 26 BJ14
Marchhall Rd *EH16* 26 BJ14
Marchmont Cres *EH9* 41 BE14
Marchmont Rd *EH9* 41 BE14
Marchmont St *EH9* 41 BE14
Mardale Cres *EH10* 40 BC15
Marine Dr *EH4* 11 AW5
Marine Dr *EH5* 10 AT5
Marine Esplanade *EH6* 14 BL6
Marionville Av *EH7* 14 BK9
Marionville Cres *EH7* 14 BL9
Marionville Dr *EH7* 14 BL9
Marionville Gro *EH7* 14 BL9
Marionville Medway 1 14 BL9
  EH7
Marionville Pk *EH7* 14 BK9
Marionville Rd *EH7* 26 BJ10
Marischal Pl 1 *EH4* 23 AY10
Maritime La *EH6* 14 BJ6

Maritime St *EH6*	14	BJ6
Market St *EH1*	5	BF11
Market St, Muss. *EH21*	29	BX13
Marlborough St *EH15*	27	BR11
Marmion Av, Ros. *EH25*	59	BH31
Marmion Cres *EH16*	42	BK18
Marshall Rd, K'lis. *EH29*	18	AC10
Marshall St **23** *EH8*	5	BG12
Marshall St (Cock.), Pres. *EH32*	16	CK7
Marshall's Ct **9** *EH1*	5	BG10
Martello Ct *EH4*	11	AW6
Martin Gro, Bonny. *EH19*	54	BT27
Martin Pl, Dalk. *EH22*	54	BU25
Maryburn Rd (Easth.), Dalk. *EH22*	55	BY27
Maryfield *EH7*	5	BH10
Maryfield *EH15*	27	BR10
Maryfield Pl *EH7*	26	BJ10
Maryfield Pl, Bonny. *EH19*	54	BS28
Mary's Pl **9** *EH4*	24	BC9
Marytree Ho *EH17*	42	BM19
Masefield Way *EH12*	20	AK10
Mason Pl, Lass. *EH18*	61	BP29
Matthews Dr (Newt.), Dalk. *EH22*	62	BV31
Maulsford Av (Dand.), Dalk. *EH22*	43	BR20
Maurice Pl *EH9*	41	BF17
Mauricewood Av, Pen. *FH26*	67	BB36
Mauricewood Bk, Pen. *EH26*	67	BB36
Mauricewood Gro, Pen. *EH26*	67	BB36
Mauricewood Pk, Pen. *EH26*	67	BB36
Mauricewood Ri, Pen. *EH26*	67	BB36
Mauricewood Rd, Pen. *EH26*	64	BA34
Mavisbank, Lnhd *EH20*	60	BL28
Mavisbank Pl, Lass. *EH18*	61	BN29
Maxton Ct **1**, Dalk. *EH22*	55	BW24
Maxwell St *EH10*	40	BC17
May Ct *EH4*	11	AW6
Maybank Vil *EH12*	22	AT12
Mayburn Av, Lnhd *EH20*	52	BK26
Mayburn Bk, Lnhd *EH20*	52	BK27
Mayburn Br, Lnhd *EH20*	52	BK26
Mayburn Ct, Lnhd *EH20*	52	BK26
Mayburn Cres, Lnhd *EH20*	52	BK26
Mayburn Dr, Lnhd *EH20*	52	BK26
Mayburn Gro, Lnhd *EH20*	52	BK26
Mayburn Hill, Lnhd *EH20*	52	BK27
Mayburn Ln, Lnhd *EH20*	52	BK26
Mayburn Ter, Lnhd *EH20*	52	BK26
Mayburn Vale, Lnhd *EH20*	52	BJ27
Mayburn Wk, Lnhd *EH20*	52	BK27
Maybury Dr *EH12*	21	AR10
Maybury Gdns, Lnhd *EH20*	52	BK26
Maybury Rd *EH4*	21	AQ11
Maybury Rd *EH12*	21	AQ12
Mayfield Av, Muss. *EH21*	29	BX15
Mayfield Ct **3**, Lnhd *EH20*	60	BL28
Mayfield Cres, Lnhd *EH20*	52	BJ27
Mayfield Cres, Muss. *EH21*	29	BW15
Mayfield Gdns *EH9*	41	BH15
Mayfield Gdns La *EH9*	41	BH15
Mayfield Ind Est, Dalk. *EH22*	63	BY30
Mayfield Pk, Muss. *EH21*	29	BX16
Mayfield Pl *EH12*	22	AT13
Mayfield Pl (Mayf.), Dalk. *EH22*	63	BZ29
Mayfield Pl, Muss. *EH21*	29	BX16
Mayfield Rd *EH9*	41	BH15
Mayfield Rd (Easth.), Dalk. *EH22*	55	BZ27
Mayfield Ter *EH9*	41	BH15
Mayshade Rd, Lnhd *EH20*	52	BK26
Mayville Bk, Muss. *EH21*	30	CC13
Mayville Gdns *EH5*	13	BE5
Mayville Gdns E *EH5*	13	BE5
McCathie Dr (Newt.), Dalk. *EH22*	63	BX29
McDiarmid Gro (Newt.), Dalk. *EH22*	63	BX31
McDonald Pl *EH7*	25	BF8
McDonald Rd *EH7*	25	BF8
McDonald St *EH7*	25	BG8
McGahey Ct (Newt.), Dalk. *EH22*	63	BX31
McKelvie Par *EH5*	12	BD4
McKinlay Ter, Lnhd *EH20*	60	BJ28
McKinnon Dr (Mayf.), Dalk. *EH22*	69	CA31
McLaren Rd *EH9*	26	BJ15
McLaren Ter **20** *EH11*	4	BC12
McLean Wk (Newt.), Dalk. *EH22*	63	BX31
McLeod Cres, Pres. *EH32*	16	CH10
McLeod St *EH11*	24	BA13
McNeill Av, Lnhd *EH20*	52	BK27
McNeill Path, Tran. *EH33*	33	CL13
McNeill Pl, Lnhd *EH20*	52	BK27
McNeill St *EH11*	4	BC13
McNeill Ter, Lnhd *EH20*	52	BJ27
McNeill Wk **14**, Tran. *EH33*	33	CL14
McNeill Way, Tran. *EH33*	33	CL14
Mcphail Sq, Tran. *EH33*	33	CM13
McQuade St, Bonny. *EH19*	54	BT27
Meadow Bk Shop Pk *EH7*	14	BJ9
Meadow La *EH8*	5	BF13
Meadow Pl *EH9*	4	BE13
Meadow Pl (Bils.), Ros. *EH25*	59	BG29
Meadow Pl La *EH9*	41	BF14
Meadow Pl Rd *EH12*	22	AS13
Meadow Rd (Ricc.), Currie *EH14*	47	AP20
Meadowbank *EH8*	26	BK10
Meadowbank Av *EH8*	26	BK10
Meadowbank Cres *EH8*	26	BK10
Meadowbank Ho *EH7*	26	BL10
Meadowbank Pl **7** *EH8*	26	BL10
Meadowbank Ter *EH8*	26	BK10
Meadowfield Av *EH8*	26	BM12
Meadowfield Ct *EH8*	26	BM12
Meadowfield Dr *EH8*	26	BM12
Meadowfield Gdns *EH8*	26	BM13
Meadowfield Rd *EH12*	21	AN11
Meadowfield Ter *EH8*	26	BM13
Meadowhouse Rd *EH12*	22	AU13
Meadowside, Tran. *EH33*	33	CN14
Meadowspot *EH10*	40	BA17
Mearenside *EH12*	21	AQ11
Medwin Ho *EH11*	38	AS18
Meeting Ho Dr, Tran. *EH33*	33	CL13
Meggat Pl, Pen. *EH26*	67	BC36
Meggetland Gate *EH14*	39	AY16
Meggetland Ter *EH14*	40	BA16
Melbourne Pl **24** *EH1*	5	BF11
Melgund Ter *EH7*	25	BF9
Melville Cres *EH3*	4	BC11
Melville Dr *EH9*	4	BE13
Melville Dykes Rd, Lass. *EH18*	53	BR26
Melville Gate Rd, Dalk. *EH22*	54	BT24
Melville Pl **6** *EH3*	4	BC11
Melville Rd, Dalk. *EH22*	54	BU25
Melville St *EH3*	4	BC11
Melville St La *EH3*	4	BC11
Melville Ter *EH9*	41	BF14
Melville Ter, Dalk. *EH22*	54	BU26
Melville Vw **2**, Lass. *EH18*	53	BQ27
Mentone Av *EH15*	27	BR10
Mentone Gdns *EH9*	41	BH15
Mentone Ter *EH9*	41	BH16
Merchant St *EH1*	5	BF12
Merchiston Av *EH10*	40	BC14
Merchiston Bk Av *EH10*	40	BC15
Merchiston Bk Gdns *EH10*	40	BC15
Merchiston Cres *EH10*	40	BC15
Merchiston Gdns *EH10*	40	BB16
Merchiston Gro *EH11*	40	BA14
Merchiston Ms *EH10*	40	BC14
Merchiston Pk *EH10*	40	BC14
Merchiston Pl *EH10*	40	BC15
Merlyon Way, Pen. *EH26*	66	AZ36
Mertoun Pl *EH11*	40	BB14
Methven Ter, Lass. *EH18*	61	BP29
Meuse La *EH2*	5	BF10
Mid Gillsland Rd *EH10*	40	BB15
Mid Gogarloch Syke *EH12*	37	AQ14
Mid Liberton *EH16*	42	BJ17
Mid New Cultins *EH11*	37	AQ17
Mid Rd, Pres. *EH32*	32	CH11
Mid Rd Ind Est, Pres. *EH32*	32	CH11
Mid Steil *EH10*	40	BA18
Mid Ter **2**, S Q'fry *EH30*	7	AE2
Middle Meadow Wk *EH3*	5	BF13
Middle Pier *EH5*	12	BB4
Middleby St *EH9*	41	BH15
Middlefield *EH7*	25	BG8
Middleknowe *EH14*	38	AS19
Middlepark **2** *EH14*	38	AS19
Middleshot **3** *EH14*	38	AS19
Middleshot Sq, Pres. *EH32*	16	CK9
Midmar Av *EH10*	41	BE17
Midmar Dr *EH10*	41	BE17
Midmar Gdns *EH10*	40	BD17
Mill La *EH6*	13	BH6
Mill Wynd, Pres. *EH32*	16	CH9
Millar Cres *EH10*	40	BC16
Millar Pl *EH10*	40	BC16
Millar Pl La *EH10*	40	BC16
Millar Rd, Tran. *EH33*	33	CL14
Millbank, Bal. *EH14*	56	AL26
Millbank Gro, Gore. *EH23*	68	BY36
Millbrae Wynd *EH14*	39	AX17
Miller Ct, Tran. *EH33*	32	CK14
Miller Row *EH4*	4	BC11
Millerfield Pl *EH9*	41	BF14
Millerhill Rd, Dalk. *EH22*	43	BR17
Millhill, Muss. *EH21*	29	BZ13
Millhill La, Muss. *EH21*	29	BZ13

Name	Page	Grid
Millhill Wynd, Muss. EH21	29	BZ13
Milnacre EH6	13	BF7
Milton Br, Pen. EH26	65	BE33
Milton Cres EH15	27	BQ13
Milton Dr EH15	28	BT12
Milton Gdns N EH15	27	BQ13
Milton Gdns S EH15	27	BQ13
Milton Gro EH15	28	BU12
Milton Link EH15	28	BS13
Milton Rd EH15	27	BQ13
Milton Rd E EH15	28	BT13
Milton Rd W EH15	27	BN13
Milton St EH8	26	BJ10
Milton Ter EH15	28	BU12
Miner's Ter (Wall.), Muss. EH21	31	CD14
Minstrel Ct, Ros. EH25	60	BJ32
Minto St EH9	41	BH14
Mitchell St EH6	14	BJ6
Mitchell St, Dalk. EH22	54	BV24
Mitchell Way, Tran. EH33	33	CM12
Moat Dr EH14	39	AZ15
Moat Ho EH14	39	AZ15
Moat Pl EH14	39	AZ15
Moat St EH14	39	AZ15
Moat Ter EH14	39	AZ15
Moat Vw, Ros. EH25	65	BH32
Moffat Av, Bonny. EH19	61	BR29
Moir Av, Muss. EH21	30	CC13
Moir Cres, Muss. EH21	30	CC13
Moir Dr, Muss. EH21	31	CD13
Moir Pl, Muss. EH21	30	CC13
Moir Ter, Muss. EH21	30	CC13
Moira Pk EH7	27	BN10
Moira Ter EH7	27	BN10
Moira Ter La EH7	27	BN10
Moncreiffe Ho EH17	42	BM19
Moncrieff Ter EH9	41	BG14
Monkbarns Gdns EH16	42	BK19
Monksrig Rd, Pen. EH26	66	AY38
Monkswood Rd (Newt.), Dalk. EH22	63	BX31
Monktonhall Pl, Muss. EH21	29	BX16
Monktonhall Ter, Muss. EH21	29	BX15
Monkwood Ct EH9	41	BF15
Monmouth Ter EH3	12	BD6
Montagu Ter EH3	12	BD7
Montague St EH8	5	BG13
Montgomery St EH7	25	BG9
Montgomery St La EH7	25	BG9
Montpelier EH10	40	BC14
Montpelier Pk EH10	40	BC14
Montpelier Ter EH10	40	BC14
Montrose Ter EH7	5	BH10
Moorfield Cotts, Dalk. EH22	44	BS19
Moorfoot Ct 4, Bonny. EH19	61	BR28
Moorfoot Pl, Bonny. EH19	61	BR29
Moorfoot Pl, Pen. EH26	66	BA37
Moorfoot Vw, Bonny. EH19	61	BR29
Moorfoot Vw, Gore. EH23	68	BY36
Moorfoot Vw (Bils.), Ros. EH25	59	BG30
Moray Pk EH7	26	BJ10
Moray Pk Ter EH7	26	BJ10
Moray Pl EH3	4	BD10
Moredun Dykes Rd EH17	42	BM21
Moredun Ho EH17	42	BM19
Moredun Pk Ct EH17	42	BM20
Moredun Pk Dr EH17	42	BM20
Moredun Pk Gdns EH17	42	BM19
Moredun Pk Grn EH17	43	BN20
Moredun Pk Gro EH17	43	BN20
Moredun Pk Ln EH17	42	BM20
Moredun Pk Rd EH17	42	BM20
Moredun Pk St EH17	42	BM20
Moredun Pk Vw EH17	42	BM20
Moredun Pk Wk EH17	43	BN20
Moredun Pk Way EH17	42	BM20
Moredunvale Bk EH17	42	BM19
Moredunvale Grn EH17	42	BM19
Moredunvale Gro EH17	42	BM19
Moredunvale Ln EH17	42	BM19
Moredunvale Pk EH17	42	BM19
Moredunvale Pl EH17	42	BM19
Moredunvale Rd EH17	42	BM19
Moredunvale Vw EH17	42	BM19
Moredunvale Way EH17	42	BM19
Morham Gait 6 EH10	40	BA19
Morham Gdns 3 EH10	40	BA19
Morham Lea 7 EH10	40	BA19
Morham Pk 5 EH10	40	BA19
Morison Gdns, S Q'fry EH30	6	AD2
Morningside Ct EH10	40	BC17
Morningside Dr EH10	40	BB17
Morningside Gdns EH10	40	BB17
Morningside Gro EH10	40	BB17
Morningside Pk EH10	40	BC16
Morningside Pl EH10	40	BC16
Morningside Rd EH10	40	BC16
Morningside Ter EH10	40	BC16
Morris Rd (Newt.), Dalk. EH22	63	BY29
Morrison Av, Tran. EH33	33	CN14
Morrison Circ EH3	4	BC12
Morrison Cres EH3	4	BC12
Morrison Link EH3	4	BC12
Morrison St EH3	4	BC12
Morrison's Haven, Pres. EH32	31	CE11
Morton St EH15	28	BS12
Mortonhall Gate EH16	51	BG22
Mortonhall Pk Av EH17	51	BH22
Mortonhall Pk Bk EH17	52	BJ22
Mortonhall Pk Cres EH17	52	BJ22
Mortonhall Pk Dr EH17	52	BJ22
Mortonhall Pk Gdns EH17	51	BH22
Mortonhall Pk Grn EH17	51	BH22
Mortonhall Pk Gro EH17	51	BH22
Mortonhall Pk Ln EH17	51	BH22
Mortonhall Pk Pl EH17	52	BJ22
Mortonhall Pk Ter EH17	52	BJ22
Mortonhall Pk Vw EH17	51	BH22
Mortonhall Pk Way EH17	51	BH22
Mortonhall Rd EH9	41	BE16
Morven St EH4	22	AS10
Morvenside EH14	38	AS19
Morvenside Cl EH14	38	AS19
Mossgiel Wk EH16	42	BJ18
Moston Ter EH9	41	BH15
Moubray Gro, S Q'fry EH30	7	AE3
Mound, The EH1	4	BE11
Mound, The EH2	4	BE11
Mound Pl EH1	4	BE11
Mount Gra EH9	41	BE15
Mount Lo Pl EH15	27	BR11
Mount Vernon Rd EH16	42	BK19
Mountcastle Bk EH8	27	BP11
Mountcastle Cres EH8	27	BN11
Mountcastle Dr N EH8	27	BN11
Mountcastle Dr N EH15	27	BN11
Mountcastle Dr S EH15	27	BP12
Mountcastle Gdns EH8	27	BN11
Mountcastle Grn EH8	27	BN10
Mountcastle Gro EH8	27	BN11
Mountcastle Ln EH8	27	BN11
Mountcastle Pk EH8	27	BN10
Mountcastle Pl EH8	27	BN10
Mountcastle Ter EH8	27	BN11
Mounthooly Ln EH10	51	BE22
Mountjoy Ter, Muss. EH21	29	BY12
Mucklets Av, Muss. EH21	29	BW15
Mucklets Ct, Muss. EH21	29	BW15
Mucklets Cres, Muss. EH21	29	BW16
Mucklets Dr, Muss. EH21	29	BW15
Mucklets Pl, Muss. EH21	29	BW15
Mucklets Rd, Muss. EH21	28	BV16
Muir Wd Cres, Currie EH14	47	AR22
Muir Wd Dr, Currie EH14	47	AR22
Muir Wd Gro, Currie EH14	47	AR22
Muir Wd Pl, Currie EH14	47	AR21
Muir Wd Rd, Currie EH14	47	AR21
Muirdale Ter 1 EH4	23	AX9
Muirend Av, Jun. Grn EH14	48	AU20
Muirfield Gdns, Lnhd EH20	60	BL28
Muirhead Pl, Pen. EH26	64	BB35
Muirhouse Av EH4	11	AX7
Muirhouse Av N EH4	11	AX6
Muirhouse Bk EH4	11	AX7
Muirhouse Cl EH4	11	AW7
Muirhouse Ct EH4	11	AX6
Muirhouse Cres EH4	11	AX6
Muirhouse Dr EH4	11	AW6
Muirhouse Gdns EH4	11	AW6
Muirhouse Grn EH4	11	AX7
Muirhouse Gro EH4	11	AW6
Muirhouse Ln EH4	11	AX6
Muirhouse Medway EH4	11	AW6
Muirhouse Pk EH4	11	AW7
Muirhouse Parkway EH4	11	AX6
Muirhouse Pl E EH4	11	AX7
Muirhouse Pl W EH4	11	AX7
Muirhouse Ter EH4	11	AW7
Muirhouse Vw EH4	11	AW6
Muirhouse Way EH4	11	AX7
Muirpark Ct, Tran. EH33	33	CN14
Muirpark Dr, Tran. EH33	33	CN14
Muirpark Gdns, Tran. EH33	33	CN14
Muirpark Gro, Tran. EH33	33	CN14
Muirpark Pl, Tran. EH33	33	CN14
Muirpark Rd, Tran. EH33	33	CN14
Muirpark Ter, Tran. EH33	33	CN14
Muirpark Wynd, Tran. EH33	33	CN14
Muirside EH13	50	BA22
Muirside Dr, Tran. EH33	33	CL14
Mulberry Pl 3 EH6	13	BF6
Munro Dr EH13	49	AW22
Munro Pl 1 EH3	25	BE8
Murano Pl EH7	25	BH9
Murderdean Rd (Newt.), Dalk. EH22	63	BW30

Murdoch Ter *EH11* 4 BC13
Murieston Cres *EH11* 24 BA13
Murieston Cres La **7** *EH11* 24 BB13
Murieston La *EH11* 24 BA13
Murieston Pl *EH11* 24 BA13
Murieston Rd *EH11* 24 BA13
Murieston Ter *EH11* 24 BA13
Murray Cotts *EH12* 22 AS13
Murrayburn App *EH14* 38 AT18
Murrayburn Dr *EH14* 38 AT18
Murrayburn Gdns *EH14* 38 AU18
Murrayburn Gate *EH14* 38 AT19
Murrayburn Grn *EH14* 38 AU18
Murrayburn Gro *EH14* 38 AU18
Murrayburn Pk *EH14* 38 AT18
Murrayburn Pl *EH14* 38 AT18
Murrayburn Rd *EH14* 38 AU17
Murrayfield Av *EH12* 23 AZ12
Murrayfield Dr *EH12* 23 AY12
Murrayfield Gdns *EH12* 23 AZ11
Murrayfield Pl **1** *EH12* 23 AZ12
Murrayfield Rd *EH12* 23 AY11
Murrays, The *EH17* 52 BL23
Murrays Brae, The *EH17* 52 BL23
Musselburgh Rd *EH15* 28 BT12
Musselburgh Rd,
Dalk. *EH22* 55 BX23
Myre Dale, Bonny. *EH19* 62 BS29
Myreside Ct *EH10* 40 BB17
Myreside Rd *EH10* 40 BB16
Myrtle Cres (Bils.),
Ros. *EH25* 59 BG29
Myrtle Gro (Mayf.),
Dalk. *EH22* 55 BZ28
Myrtle Ter *EH11* 40 BA14

N

Namur Rd, Pen. *EH26* 64 BB35
Nantwich Dr *EH7* 15 BN8
Napier Ln *EH10* 40 BB15
Napier Rd *EH10* 40 BB15
Neidpath Ct **4** *EH12* 21 AQ12
Nellfield *EH16* 42 BK19
Nelson Pl **10** *EH3* 4 BE10
Nelson St *EH3* 4 BE10
Nether Craigour *EH17* 42 BM18
Nether Craigwell *EH8* 5 BH10
Nether Currie Cres,
Currie *EH14* 47 AR22
Nether Currie Pl,
Currie *EH14* 47 AR22
Nether Currie Rd,
Currie *EH14* 47 AR22
Nether Lennie *EH12* 20 AL8
Nether Liberton Ct **1** 42 BJ17
EH16
Netherbank *EH16* 51 BH21
Netherbank Vw *EH16* 51 BH21
Netherby Rd *EH5* 12 BC6
Nethershot Rd, Pres. *EH32* 16 CJ9
Nevis Gdns, Pen. *EH26* 67 BC36
New Arthur Pl *EH8* 5 BG12
New Arthur St **29** *EH8* 5 BG12
New Belfield *EH8* 27 BN12
New Bells Ct **4** *EH6* 14 BJ6
New Broompark *EH5* 12 BA4
New Broughton *EH3* 25 BE9
New Cut Rigg *EH6* 13 BF6
New Halls Rd, S Q'fry 7 AF2
EH30

New Hunterfield, 63 BX33
Gore. *EH23*
New John's Pl *EH8* 5 BG13
New Lairdship Pl *EH11* 38 AT16
New Lairdship Yards *EH11* 38 AT16
New La *EH6* 13 BF5
New Liston Rd, K'lis. *EH29* 18 AC11
New Mkt Rd *EH14* 39 AY16
New Mart Rd *EH14* 39 AX16
New Meadowspott **4**, 54 BV25
Dalk. *EH22*
New Orchardfield *EH6* 13 BH7
New Poltonhall, 61 BP31
Bonny. *EH19*
New Row, Tran. *EH33* 33 CL13
New Skinner's Cl *EH1* 5 BG11
New Star Bk (Newt.), 63 BW30
Dalk. *EH22*
New St *EH8* 5 BG11
New St *EH17* 52 BM22
New St, Muss. *EH21* 29 BW13
New St, Pres. *EH32* 16 CH10
New St (Cock.), Pres. 17 CL7
EH32
New St, Tran. *EH33* 33 CL12
New Swanston *EH10* 50 BB22
New Twr Pl **8** *EH15* 27 BR10
Newbattle Abbey Cres, 54 BV27
Dalk. *EH22*
Newbattle Gdns, 55 BW26
Dalk. *EH22*
Newbattle Rd, Dalk. *EH22* 54 BV25
Newbattle Ter *EH10* 40 BD15
Newbigging, Muss. *EH21* 29 BZ13
Newbridge Ind Est, 34 AC14
Newbr. *EH28*
Newbyres Av, Gore. *EH23* 68 BY34
Newbyres Cres, 68 BY35
Gore. *EH23*
Newbyres Gdns, 68 BY35
Gore. *EH23*
Newcraighall Dr (Newcr.), 28 BT15
Muss. *EH21*
Newcraighall Rd *EH15* 27 BR15
Newcraighall Rd, 28 BT15
Muss. *EH21*
Newhailes Av, Muss. *EH21* 29 BW13
Newhailes Cres, 28 BV13
Muss. *EH21*
Newhailes Ind Est, 28 BV14
Muss. *EH21*
Newhailes Rd, Muss. 28 BV14
EH21
Newhaven Main St *EH6* 13 BE4
Newhaven Pl *EH6* 13 BF4
Newhaven Rd *EH6* 13 BG7
Newington Rd *EH9* 41 BG14
Newkirkgate **5** *EH6* 13 BH7
Newlands Pk *EH9* 41 BH15
Newmains Fm La, 18 AC9
K'lis. *EH29*
Newmains Rd, K'lis. *EH29* 18 AC9
Newmills Av, Bal. *EH14* 46 AM23
Newmills Cres, Bal. *EH14* 46 AM23
Newmills Gro, Bal. *EH14* 46 AM24
Newmills Rd, Bal. *EH14* 46 AM24
Newmills Rd, Dalk. *EH22* 55 BW24
Newmills Ter **8**, Dalk. *EH22* 55 BX24
News Steps *EH1* 5 BF11
Newtoft St *EH17* 53 BN22

Newton Ch Rd (Dand.), 43 BR20
Dalk. *EH22*
Newton St *EH11* 40 BA14
Newton St (Easth.), 55 BY27
Dalk. *EH22*
Newton Village, 44 BT19
Dalk. *EH22*
Nicholfield *EH6* 13 BF5
Nicolson Sq *EH8* 5 BF12
Nicolson St *EH8* 5 BG12
Niddrie Cotts **1** *EH15* 28 BS15
Niddrie Fm Gro *EH16* 27 BN15
Niddrie Ho Av *EH16* 43 BP16
Niddrie Ho Dr *EH16* 43 BQ16
Niddrie Ho Gdns *EH16* 43 BP16
Niddrie Ho Gro **3** *EH16* 43 BQ16
Niddrie Ho Pk *EH16* 43 BP16
Niddrie Ho Sq *EH16* 43 BP16
Niddrie Mains Ct **2** *EH16* 27 BP15
Niddrie Mains Dr *EH16* 27 BN15
Niddrie Mains Rd *EH15* 27 BN15
Niddrie Mains Rd *EH16* 27 BN15
Niddrie Mains Ter *EH16* 27 BN15
Niddrie Marischal Cres 27 BP15
EH16
Niddrie Marischal Dr *EH16* 43 BP16
Niddrie Marischal Gdns 27 BP15
EH16
Niddrie Marischal Grn 43 BP16
EH16
Niddrie Marischal Gro 27 BQ15
EH16
Niddrie Marischal Ln 27 BP15
EH16
Niddrie Marischal Pl *EH16* 43 BP16
Niddrie Marischal Rd 27 BQ15
EH16
Niddrie Marischal St *EH16* 27 BP15
Niddrie Mill Av *EH15* 27 BQ14
Niddrie Mill Cres *EH15* 27 BQ14
Niddrie Mill Dr *EH15* 27 BQ15
Niddrie Mill Gro *EH15* 27 BQ15
Niddrie Mill Pl *EH15* 27 BQ15
Niddrie Mill Ter *EH15* 27 BQ15
Niddry St *EH1* 5 BF11
Niddry St S **26** *EH1* 5 BG12
Nigel Ln *EH16* 42 BK19
Nile Gro *EH10* 40 BD16
Nimmo Av, Pres. *EH32* 16 CJ10
Ninth St (Newt.), 63 BX29
Dalk. *EH22*
Nisbet Ct *EH7* 14 BK8
Niven's Knowe Rd, 59 BH28
Lnhd *EH20*
Nivensknowe Caravan Pk, 59 BG28
Lnhd *EH20*
Nobel Pl, Ros. *EH25* 65 BH32
Noble Pl *EH6* 14 BK7
North Bk Rd, Pres. *EH32* 16 CG10
North Bk St *EH1* 5 BF11
North Br *EH1* 5 BF11
North Br Arc **42** *EH1* 5 BF11
North Bughtlin Bk *EH12* 21 AR10
North Bughtlin Brae *EH12* 21 AR10
North Bughtlin Gate *EH12* 21 AR10
North Bughtlin Neuk **1** 21 AR10
EH12
North Bughtlin Pl **2** *EH12* 21 AR10
North Bughtlin Rd *EH12* 21 AQ10
North Bughtlinfield *EH12* 21 AQ10

North Bughtlinrig EH12 21 AQ10
North Bughtlinside EH12 21 AQ10
North Cairntow EH16 26 BM14
North Castle St EH2 4 BD10
North Charlotte St EH2 4 BD10
North Clyde St La 11 EH1 5 BF10
North Cres, Pres. EH32 16 CJ10
North E Circ Pl EH3 4 BD10
North Fort St EH6 13 BG5
North Gra Av, Pres. EH32 32 CG11
North Gra Gro, Pres. EH32 16 CH10
North Gra Rd, Pres. EH32 16 CH10
North Grns EH15 27 BR14
North Gyle Av EH12 37 AR13
North Gyle Dr EH12 21 AQ12
North Gyle Fm Ct EH12 37 AQ13
North Gyle Fm La EH12 37 AQ13
North Gyle Gro EH12 37 AQ13
North Gyle Ln EH12 21 AQ12
North Gyle Pk EH12 21 AQ12
North Gyle Rd EH12 21 AR12
North Gyle Ter EH12 37 AQ13
North High St, Muss. EH21 29 BX13
North Hillhousefield EH6 13 BG5
North Junct St EH6 13 BG5
North Leith Mill 19 EH6 13 BG5
North Leith Sands EH6 13 BG5
North Lorimer Pl 2 (Cock.), Pres. EH32 16 CK7
North Meadow Wk EH3 4 BE13
North Meadow Wk EH8 4 BE13
North Meggetland EH14 39 AZ16
North Pk Ter EH4 24 BC9
North Peffer Pl EH16 26 BM15
North Richmond St 10 EH8 5 BG12
North St. Andrew La EH2 5 BF10
North St. Andrew St EH2 5 BF10
North St. David St EH2 5 BF10
North Seton Pk (Port S.), Pres. EH32 17 CL7
North St (Ratho), Newbr. EH28 35 AF17
North Wk, The EH10 40 BC17
North Way, The EH8 26 BM11
North Werber Pk EH4 24 BA8
North Werber Pl EH4 12 BA7
North Werber Rd EH4 24 BA8
North W Circ Pl EH3 4 BD10
North Wynd, Dalk. EH22 55 BW24
Northcote St EH11 24 BB13
Northfield, Pres. EH32 32 CH11
Northfield, Tran. EH33 33 CN13
Northfield Av EH8 26 BM11
Northfield Bdy EH8 26 BM10
Northfield Circ EH8 26 BM11
Northfield Ct, Pres. EH32 32 CH11
Northfield Cres EH8 26 BM11
Northfield Dr EH8 27 BN12
Northfield E, Tran. EH33 33 CN13
Northfield Fm Av EH8 27 BN12
Northfield Fm Rd EH8 27 BN11
Northfield Gdns EH8 27 BN11
Northfield Gdns, Pres. EH32 32 CH11
Northfield Gro EH8 27 BN12
Northfield Pk EH8 27 BN11
Northfield Pk Gro EH8 27 BN11
Northfield Rd EH8 26 BM11
Northfield Sq EH8 27 BN11

Northfield Ter EH8 26 BM11
Northlawn Ct 6 EH4 10 AU7
Northlawn Ter EH4 10 AU7
Northumberland Pl 12 EH3 4 BE10
Northumberland Pl La EH3 4 BE10
Northumberland St EH3 4 BE10
Northumberland St N E La EH3 4 BE10
Northumberland St N W La EH3 4 BE10
Northumberland St S E La EH3 4 BE10
Northumberland St S W La EH3 4 BE10
Northview Ct EH4 11 AX6
Norton Pk EH7 14 BJ9
Nottingham Pl EH7 5 BG10

O

Oak Av, Lnhd EH20 59 BH28
Oak Cres (Mayf.), Dalk. EH22 69 CA29
Oak La EH12 22 AU10
Oak Pl (Mayf.), Dalk. EH22 69 CA29
Oakfield Pl EH8 5 BG12
Oakville Ter EH6 14 BK7
Observatory Grn EH9 41 BG17
Observatory Rd EH9 41 BG17
Ocean Dr EH6 13 BH5
Ocean Terminal Shop Cen EH6 13 BG4
Ochil Ct, S Q'fry EH30 7 AE3
Ochiltree Gdns EH16 42 BL18
Ogilvie Ter EH11 40 BA15
Old Assembly Cl 27 EH1 5 BF11
Old Broughton 13 EH3 25 BF9
Old Burdiehouse Rd EH17 52 BJ24
Old Ch La EH15 26 BL13
Old Craighall Rd, Dalk. EH22 44 BU20
Old Dalkeith Rd EH16 42 BK16
Old Dalkeith Rd EH17 42 BK16
Old Dalkeith Rd (Dand.), Dalk. EH22 54 BU23
Old Edinburgh Rd, Dalk. EH22 54 BV24
Old Fm Av EH13 49 AY20
Old Fm Pl EH13 49 AX20
Old Fishmarket Cl EH1 5 BF11
Old Kirk Rd EH12 22 AU12
Old Liston Rd, Newbr. EH28 34 AC13
Old Mill La EH16 42 BJ17
Old Newmills Rd, Bal. EH14 46 AM24
Old Pentland Rd EH10 51 BE25
Old Pentland Rd, Lnhd EH20 59 BG26
Old Star Rd (Newt.), Dalk. EH22 63 BW30
Old Tolbooth Wynd EH8 5 BG11
Oliphant Gdns (Wall.), Muss. EH21 31 CD14
Olive Bk Rd, Muss. EH21 29 BW13
Olivebank Retail Pk, Muss. EH21 29 BW13
Orchard, The, Tran. EH33 33 CL12
Orchard Bk EH4 24 BA10
Orchard Brae EH4 24 BB9

Orchard Brae Av EH4 24 BA10
Orchard Brae Gdns EH4 24 BA10
Orchard Brae Gdns W EH4 24 BA10
Orchard Brae W EH4 24 BB9
Orchard Cres EH4 23 AZ10
Orchard Cres, Pres. EH32 16 CH10
Orchard Dr EH4 23 AZ10
Orchard Gro EH4 24 BB9
Orchard Pk, Tran. EH33 33 CL12
Orchard Pl EH4 24 BA9
Orchard Rd EH4 24 BA10
Orchard Rd S EH4 23 AZ10
Orchard Ter EH4 24 BA10
Orchard Toll EH4 24 BA10
Orchard Vw, Dalk. EH22 54 BU25
Orchardfield Av EH12 22 AT13
Orchardfield La EH6 25 BH8
Orchardhead Ln EH16 42 BJ19
Orchardhead Rd EH16 42 BJ18
Ormelie Ter EH15 28 BS11
Ormidale Ter EH12 23 AY12
Ormiston Av, Tran. EH33 33 CN13
Ormiston Cres E, Tran. EH33 33 CN13
Ormiston Cres W, Tran. EH33 33 CN13
Ormiston Pl, Pres. EH32 16 CG10
Ormiston Rd, Tran. EH33 33 CM13
Ormiston Ter EH12 22 AT13
Orrok Pk EH16 42 BJ17
Orwell Pl EH11 24 BB13
Orwell Ter EH11 24 BB13
Osborne Ct (Cock.), Pres. EH32 17 CL7
Osborne Ter EH12 24 BB12
Osborne Ter (Cock.), Pres. EH32 17 CL7
Oswald Ct EH9 41 BF16
Oswald Rd EH9 41 BF16
Oswald Ter 3 EH12 22 AT13
Oswald Ter, Pres. EH32 16 CJ10
Otterburn Pk EH14 39 AX18
Oxcars Ct EH4 11 AW6
Oxcraig St EH5 12 BB4
Oxford St EH8 5 BH13
Oxford Ter EH4 4 BC10
Oxgangs Av EH13 50 BA21
Oxgangs Bk EH13 50 BB21
Oxgangs Brae EH13 50 BB21
Oxgangs Bdy 2 EH13 50 BB21
Oxgangs Cres EH13 50 BB20
Oxgangs Dr EH13 50 BB20
Oxgangs Fm Av EH13 50 BA21
Oxgangs Fm Dr EH13 50 BA21
Oxgangs Fm Gdns EH13 50 BA21
Oxgangs Fm Gro EH13 50 BA21
Oxgangs Fm Ln EH13 50 BA21
Oxgangs Fm Ter EH13 50 BA21
Oxgangs Gdns EH13 50 BA20
Oxgangs Grn EH13 50 BB20
Oxgangs Gro EH13 50 BB20
Oxgangs Hill EH13 50 BB20
Oxgangs Ln EH13 50 BB20
Oxgangs Medway EH13 50 BB21
Oxgangs Pk EH13 50 BB21
Oxgangs Path EH13 50 BB21
Oxgangs Path E 1 EH13 50 BB21
Oxgangs Pl EH13 50 BA20
Oxgangs Ri EH13 50 BB20
Oxgangs Rd EH10 50 BB22

Oxgangs Rd EH13	50	BB22
Oxgangs Rd N EH13	39	AZ19
Oxgangs Rd N EH14	39	AZ19
Oxgangs Row EH13	50	BB21
Oxgangs St EH13	50	BB21
Oxgangs Ter EH13	50	BA21
Oxgangs Vw EH13	50	BB21

P

Paddock, The 1, Muss. EH21	29	BZ12
Paddockholm, The EH12	22	AU13
Paisley Av EH8	26	BM11
Paisley Cres EH8	26	BL11
Paisley Dr EH8	26	BM12
Paisley Gdns EH8	26	BL11
Paisley Gro EH8	26	BM12
Paisley Ter EH8	26	BL11
Palmer Pl, Currie EH14	47	AP23
Palmer Rd, Currie EH14	47	AP22
Palmerston Pl EH12	4	BC11
Palmerston Pl La EH12	4	BC12
Palmerston Rd EH9	41	BF14
Pankhurst Ln, Dalk. EH22	55	BZ24
Panmure Pl EH3	4	BE13
Pape's Cotts EH12	23	AZ12
Paradykes Av, Lnhd EH20	52	BJ27
Park Av EH15	27	BQ12
Park Av, Gore. EH23	68	BY34
Park Av, Lnhd EH20	60	BJ28
Park Av, Muss. EH21	30	CA14
Park Av (Ross.), Ros. EH25	59	BF29
Park Ct, Muss. EH21	30	CA14
Park Cres EH16	42	BK19
Park Cres, Bonny. EH19	61	BR28
Park Cres (Easth.), Dalk. EH22	55	BY27
Park Cres, Lnhd EH20	60	BK28
Park Gdns EH16	42	BK19
Park Gdns, Muss. EH21	30	CA14
Park Gro EH16	42	BK20
Park Gro Pl, Muss. EH21	30	CA14
Park Gro Ter, Muss. EH21	30	CA14
Park Hill, Gore. EH23	68	BX34
Park La EH15	27	BQ12
Park La, Dalk. EH22	54	BV25
Park La, Muss. EH21	30	CA14
Park Pl EH6	13	BE5
Park Rd EH6	13	BE5
Park Rd, Bonny. EH19	61	BR28
Park Rd, Dalk. EH22	54	BV25
Park Rd (Newt.), Dalk. EH22	63	BX29
Park Rd, Gore. EH23	68	BY34
Park Rd (Port S.), Pres. EH32	17	CM7
Park Ter (Newcr.), Muss. EH21	28	BU15
Park Vw, Lnhd EH20	60	BK28
Park Vw, Muss. EH21	30	CA14
Park Vw (Newcr.), Muss. EH21	28	BT15
Park Vw, Pres. EH32	16	CK10
Park Vw E (Port S.), Pres. EH32	17	CM7
Park Vw W (Port S.), Proc. EH32	17	CM7
Parker Av EH7	27	BN10
Parker Rd EH7	27	BN10
Parker Ter EH7	27	BP10

Parkgrove Av EH4	22	AS9
Parkgrove Bk EH4	22	AS9
Parkgrove Cres EH4	22	AS9
Parkgrove Dr EH4	21	AR9
Parkgrove Gdns EH4	22	AS9
Parkgrove Grn EH4	22	AS9
Parkgrove Ln EH4	22	AS9
Parkgrove Neuk EH4	22	AS9
Parkgrove Path EH4	22	AT9
Parkgrove Pl EH4	22	AS9
Parkgrove Rd EH4	22	AS9
Parkgrove Row EH4	22	AS9
Parkgrove St EH4	22	AT9
Parkgrove Ter EH4	22	AS9
Parkgrove Vw EH4	22	AS9
Parkhead Av EH11	38	AU17
Parkhead Cres EH11	38	AU17
Parkhead Dr EH11	38	AV17
Parkhead Gdns EH11	38	AU17
Parkhead Gro EH11	38	AU17
Parkhead Ln EH11	38	AV17
Parkhead Pk 1 (Easth.), Dalk. EH22	55	BY27
Parkhead Pl EH11	38	AU17
Parkhead Pl (Easth.), Dalk. EH22	55	BY27
Parkhead St EH11	38	AU17
Parkhead Ter EH11	38	AV16
Parkhead Vw EH11	38	AU17
Parkside, Newbr. EH28	34	AC13
Parkside Ct 6, Dalk. EH22	55	RW24
Parkside Pl, Dalk. EH22	55	BW24
Parkside St EH8	5	BH13
Parkside Ter EH16	5	BH13
Parkvale Pl EH6	14	BK7
Parliament Sq EH1	5	BF11
Parliament St EH6	13	BH6
Parrot La, Gore. EH23	68	BY35
Parrotshot EH15	27	BQ14
Parsonage, Muss. EH21	29	BZ13
Parsons Grn Ter 2 EH8	26	BL10
Parsonspool, Bonny. EH19	62	BS30
Path Brae, K'lis. EH29	18	AC10
Patie's Rd EH14	39	AY19
Patrick Geddes Steps 44 EH1	4	BE12
Patriothall 10 EH3	24	BD9
Pattison St EH6	14	BJ6
Peacock Av, Bonny. EH19	62	BU29
Peacock Ct EH6	13	BF4
Peacock Parkway, Bonny. EH19	62	BU29
Peacock Pl, Bonny. EH19	62	BT29
Peacocktail Cl EH15	27	BR15
Pearce Av EH12	22	AS12
Pearce Gro EH12	22	AS12
Pearce Rd EH12	22	AS12
Peatville Gdns EH14	39	AW18
Peatville Ter EH14	39	AW18
Peebles Rd, Pen. EH26	67	BB40
Peel Ter EH9	41	BH15
Peffer Bk EH16	26	BM15
Peffer Pl EH16	26	BM15
Peffer St EH16	26	BM15
Peffermill Ct 1 EH16	42	BM16
Peffermill Ind Est EH16	26	BM15
Pofformill Rd EH16	42	BK16
Peggy's Mill Rd EH4	21	AQ7
Pembroke Pl EH12	24	BA12
Pendreich Av, Bonny. EH19	54	BS27

Pendreich Dr, Bonny. EH19	54	BS27
Pendreich Gro, Bonny. EH19	54	BS27
Pendreich Ter, Bonny. EH19	54	BS27
Pendreich Vw, Bonny. EH19	54	BS27
Penicuik Rd, Ros. EH25	65	BG32
Pennywell Cotts EH4	11	AX5
Pennywell Ct EH4	11	AX6
Pennywell Gdns EH4	11	AW6
Pennywell Gro EH4	11	AX6
Pennywell Medway EH4	11	AX6
Pennywell Pl EH4	11	AX6
Pennywell Rd EH4	11	AX6
Pennywell Vil EH4	11	AX5
Pentland Av EH13	48	AV21
Pentland Av, Currie EH14	47	AP23
Pentland Av (Gowks.), Gore. EH23	63	BX32
Pentland Av, Pen. EH26	66	BA37
Pentland Br EH10	59	BG26
Pentland Caravan Pk, Lnhd EH20	59	BG27
Pentland Ct (Bils.), Ros. EH25	59	BG29
Pentland Cres EH10	50	BC20
Pentland Cres, Rose. EH24	60	BM32
Pentland Dr EH10	50	BB21
Pentland Gait EH11	37	AR18
Pentland Gdns EH10	50	BC20
Pentland Gro EH10	50	BC20
Pentland Ind Est, Lnhd EH20	52	BJ27
Pentland Pl, Currie EH14	47	AP23
Pentland Rd EH13	49	AW20
Pentland Rd, Bonny. EH19	61	BP29
Pentland Ter EH10	40	BC19
Pentland Ter, Pen. EH26	66	BA37
Pentland Vw EH10	50	BC21
Pentland Vw, Currie EH14	47	AP23
Pentland Vw, Dalk. EH22	55	BY25
Pentland Vw Ct 1, Currie EH14	47	AQ23
Pentland Vw Cres, Ros. EH25	65	BH32
Pentland Vw Pl, Ros. EH25	65	BH32
Pentland Vw Rd, K'lis. EH29	18	AC10
Pentland Vw Rd, Ros. EH25	65	BH32
Pentland Vw Ter, Ros. EH25	65	BH32
Pentland Vil 1, Jun. Grn EH14	48	AT22
Perdrixknowe EH14	39	AZ16
Persevere Ct EH6	13	BH5
Perth St EH3	24	BD9
Pettigrew's Cl 3, Dalk. EH22	55	BW24
Peveril Ter EH16	42	BJ19
Philip Pl, Pen. EH26	66	BA36
Picardy Pl EH1	5	BG10
Pier Pl EH6	13	BE4
Piersfield Gro EH8	26	BM10
Piersfield Pl EH8	26	BM10
Piersfield Ter EH8	26	BM10
Piershill La 3 EH8	26	BL10
Piershill Pl 4 EH8	26	BL10
Piershill Sq E EH8	26	BM10

Name		
Piershill Sq W *EH8*	26	BL10
Piershill Ter *EH8*	26	BM11
Pillars, The *EH17*	42	BM20
Pilrig Cotts *EH6*	25	BH8
Pilrig Gdns *EH6*	13	BG7
Pilrig Glebe *EH6*	25	BH8
Pilrig Ho Cl *EH6*	13	BG7
Pilrig Ind Est *EH6*	13	BG7
Pilrig Pl *EH6*	25	BH8
Pilrig St *EH6*	13	BG7
Pilton Av *EH5*	11	AZ6
Pilton Cres *EH5*	12	BB6
Pilton Dr *EH5*	12	BA6
Pilton Dr N *EH5*	12	BA5
Pilton Gdns *EH5*	12	BB6
Pilton Ln *EH5*	12	BA6
Pilton Pk *EH5*	12	BA6
Pilton Pl *EH5*	12	BA6
Pinewood Pl (Mayf.), Dalk. *EH22*	69	CA29
Pinewood Rd (Mayf.), Dalk. *EH22*	69	CA29
Pinewood Vw (Mayf.), Dalk. *EH22*	69	CA29
Pinkhill *EH12*	22	AV13
Pinkie Av, Muss. *EH21*	30	CA14
Pinkie Dr, Muss. *EH21*	30	CA14
Pinkie Hill Cres, Muss. *EH21*	30	CA14
Pinkie Pl, Muss. *EH21*	30	CA14
Pinkie Rd, Muss. *EH21*	30	CA14
Pinkie Ter, Muss. *EH21*	30	CA14
Pinkie Wk 7, Tran. *EH33*	33	CL14
Pipe La *EH15*	27	BQ10
Pipe St *EH15*	27	BQ10
Pirniefield Bk *EH6*	14	BL7
Pirniefield Gdns *EH6*	14	BL7
Pirniefield Gro *EH6*	14	BL7
Pirniefield Pl *EH6*	14	BL7
Pirniefield Ter *EH6*	14	BL7
Pirrie St *EH6*	13	BH7
Pitlochry Pl *EH7*	14	BJ9
Pitsligo Rd *EH10*	40	BD15
Pitt St *EH6*	13	BF6
Pittencrieff Ct 1, Muss. *EH21*	30	CB13
Pittville St *EH15*	27	BR11
Pittville St La *EH15*	27	BR11
Place Charente 8, Dalk. *EH22*	55	BY24
Playfair Steps 29 *EH2*	4	BE11
Pleasance *EH8*	5	BG12
Plewlandcroft, S Q'fry *EH30*	6	AD2
Plewlands Av *EH10*	40	BB17
Plewlands Gdns *EH10*	40	BB17
Plewlands Pl, S Q'fry *EH30*	6	AD3
Plewlands Ter *EH10*	40	BB17
Pleydell Pl *EH16*	42	BK19
Plough La 5, Tran. *EH33*	33	CM13
Plummer Ct 2, Dalk. *EH22*	55	BW24
Polson Gdns, Tran. *EH33*	32	CK13
Polton Av Rd, Bonny. *EH19*	61	BP29
Polton Bk, Lass. *EH18*	61	BN29
Polton Bk Ter, Lass. *EH18*	61	BN29
Polton Cotts, Lass. *EH18*	60	BM29
Polton Ct, Bonny. *EH19*	61	BR29
Polton Dr, Lass. *EH18*	61	BP29
Polton Gdns, Lass. *EH18*	61	BQ28
Polton Pl, Bonny. *EH19*	61	BR28
Polton Rd, Lass. *EH18*	61	BQ28
Polton Rd (Polt.), Lass. *EH18*	60	BM29
Polton Rd, Lnhd *EH20*	60	BL28
Polton Rd W, Lass. *EH18*	61	BN29
Polton St, Bonny. *EH19*	61	BR29
Polton Ter 3, Lass. *EH18*	61	BQ28
Poltonhall 2, Bonny. *EH19*	61	BQ30
Polwarth Cres *EH11*	40	BC14
Polwarth Cres, Pres. *EH32*	16	CJ10
Polwarth Gdns *EH11*	40	BB14
Polwarth Gro *EH11*	40	BB15
Polwarth Pk *EH11*	40	BB14
Polwarth Pl *EH11*	40	BB14
Polwarth Ter *EH11*	40	BB15
Polwarth Ter, Pres. *EH32*	16	CJ10
Pomathorn Bk, Pen. *EH26*	67	BB39
Pomathorn Rd, Pen. *EH26*	67	BB39
Ponton St *EH3*	4	BD13
Poplar La *EH6*	14	BJ6
Poplar Pk (Port S.), Pres. *EH32*	17	CM8
Poplar Path, Lnhd *EH20*	59	BH28
Poplar St (Mayf.), Dalk. *EH22*	69	CA29
Poplar Ter, Bonny. *EH19*	61	BR29
Port Hamilton *EH3*	4	BD12
Port Seton Harbour (Port S.), Pres. *EH32*	17	CL7
Porterfield Rd *EH4*	24	BA8
Portgower Pl *EH4*	24	BC9
Portland Pl 9 *EH6*	13	BG5
Portland St *EH6*	13	BG5
Portland Ter 10 *EH6*	13	BG5
Portobello High St *EH15*	27	BQ10
Portobello Rd *EH8*	26	BM10
Portsburgh Sq 30 *EH1*	4	BE12
Post Rd, Tran. *EH33*	32	CJ13
Potterrow *EH8*	5	BF12
Potter's Path 16, Tran. *EH33*	33	CL13
Pottery, The 15 *EH15*	27	BQ10
Pottery, The, Pres. *EH32*	16	CG10
Povert Rd, Bonny. *EH19*	62	BV33
Povert Rd, Gore. *EH23*	62	BV34
Powderhall Rd *EH7*	25	BF8
Powdermill Brae, Gore. *EH23*	68	BY37
Preston Av, Pres. *EH32*	16	CK10
Preston Ct, Pres. *EH32*	32	CH11
Preston Cres, Pres. *EH32*	16	CK9
Preston Cross Cotts 3, Pres. *EH32*	16	CJ10
Preston Rd, Pres. *EH32*	32	CH11
Preston St, Rose. *EH24*	60	BM33
Preston Ter, Pres. *EH32*	16	CK10
Prestonfield Av *EH16*	26	BJ15
Prestonfield Bk *EH16*	26	BJ15
Prestonfield Cres *EH16*	26	BJ15
Prestonfield Gdns *EH16*	26	BJ15
Prestonfield Rd *EH16*	26	BJ15
Prestonfield Ter *EH16*	26	BJ15
Prestongrange, Pres. *EH32*	31	CF11
Prestongrange Ter, Pres. *EH32*	32	CG11
Prestonhall Cres, Rose. *EH24*	60	BM32
Prestonhall Rd, Rose. *EH24*	60	BM33
Prestonpans Ind Est, Pres. *EH32*	32	CJ11
Priestfield Av *EH16*	26	BK15
Priestfield Cres *EH16*	26	BK15
Priestfield Gdns *EH16*	26	BK15
Priestfield Gro *EH16*	26	BJ14
Priestfield Rd *EH16*	26	BJ15
Priestfield Rd N *EH16*	26	BJ14
Primrose Bk Rd *EH5*	12	BD5
Primrose Cres, Dalk. *EH22*	55	BY25
Primrose Dr (Craig.), S Q'fry *EH30*	20	AM8
Primrose Gdns, S Q'fry *EH30*	7	AE3
Primrose St *EH6*	14	BJ7
Primrose Ter *EH11*	40	BA14
Primrose Ter 1, Dalk. *EH22*	55	BY25
Prince of Wales Dock *EH6*	13	BH4
Prince Regent St *EH6*	13	BG5
Princes Mall *EH1*	5	BF11
Princes St *EH1*	4	BE11
Princes St *EH2*	4	BE11
Priory Gro, S Q'fry *EH30*	6	AD3
Private Rd, Gore. *EH23*	68	BZ36
Promenade *EH15*	15	BP8
Promenade, Muss. *EH21*	29	BX12
Promenade, The (Port S.), Pres. *EH32*	17	CM7
Promenade Ter *EH15*	27	BQ10
Prospect Bk Cres *EH6*	14	BK7
Prospect Bk Gdns *EH6*	14	BK8
Prospect Bk Gro *EH6*	14	BL7
Prospect Bk Pl *EH6*	14	BL7
Prospect Bk Rd *EH6*	14	BK7
Prospect Bk Ter *EH6*	14	BL7
Provost Haugh, Currie *EH14*	47	AR22
Provost Milne Gro, S Q'fry *EH30*	7	AF4
Pryde Av, Bonny. *EH19*	61	BQ28
Pryde Ter, Bonny. *EH19*	61	BQ28
Pypers Wynd, Pres. *EH32*	16	CH9

Q

Name		
Quadrant, The, Pen. *EH26*	67	BB37
Quality St *EH4*	22	AV8
Quality St La *EH4*	22	AV8
Quarry Cl *EH8*	5	BG13
Quarry Cotts *EH15*	27	BR15
Quarry Howe 1, Bal. *EH14*	56	AL26
Quarrybank *EH14*	38	AS19
Quarrybank Cl *EH14*	38	AS19
Quarrybank Ct *EH14*	38	AS19
Quarrybank End *EH14*	38	AS19
Quarryfoot Gdns, Bonny. *EH19*	61	BR28
Quarryfoot Grn, Bonny. *EH19*	54	BS28
Quarryfoot Pl, Bonny. *EH19*	61	BR28
Quarryview 1 *EH14*	38	AS19
Quayside Mills 3 *EH6*	13	BH6
Quayside St *EH6*	13	BH6
Queen Anne Dr, Newbr. *EH28*	34	AD13
Queen Charlotte La *EH6*	14	BJ6
Queen Charlotte St *EH6*	14	BJ6
Queen Margaret Cl *EH10*	51	BE22
Queen Margaret Dr, S Q'fry *EH30*	7	AE2
Queen St *EH2*	4	BD10
Queen St Gdns E *EH3*	4	BE10

Queen St Gdns W *EH3* — 4 BE10
Queen's Av *EH4* — 23 AX9
Queen's Av S *EH4* — 23 AY9
Queen's Bay Cres *EH15* — 28 BT12
Queen's Cres *EH9* — 41 BH15
Queen's Dr *EH8* — 5 BH12
Queen's Gdns *EH4* — 23 AY9
Queen's Pk Av *EH8* — 26 BK10
Queen's Pk Ct *EH8* — 26 BL11
Queen's Rd *EH4* — 23 AY9
Queen's Wk *EH16* — 27 BN15
Queensferry Rd *EH4* — 24 BB10
Queensferry Rd (Cram.) *EH4* — 22 AS9
Queensferry Rd, K'lis. *EH29* — 18 AC9
Queensferry St *EH2* — 4 BC11
Queensferry St La *EH2* — 4 BC11
Queensferry Ter *EH4* — 24 BA10
Queensway, Pen. *EH26* — 66 BA36
Quilts, The *EH6* — 13 BG6
Quilts Wynd *EH6* — 13 BG6

R

Raeburn Ms *EH4* — 24 BC9
Raeburn Pl *EH4* — 24 BC9
Raeburn St *EH4* — 24 BC9
Rae's Ct *EH16* — 52 BJ22
Raes Gdns, Bonny. *EH19* — 61 BR28
Ramillies Ct, Pen. *EH26* — 64 BC35
Ramsay Cres (Mayf.), Dalk. *EH22* — 69 CA30
Ramsay Gdn *EH1* — 4 BE11
Ramsay La *EH1* — 4 BE11
Ramsay Pl **9** *EH15* — 27 BQ10
Ramsay Pl, Pen. *EH26* — 66 AY37
Ramsay Ter, Lass. *EH18* — 61 BP29
Ramsay Wk **4** (Mayf.), Dalk. *EH22* — 69 CA30
Randolph Cliff *EH3* — 4 BC11
Randolph Cres *EH3* — 4 BC11
Randolph La *EH3* — 4 BD11
Randolph Pl *EH3* — 4 BD11
Rankeillor St *EH8* — 5 BG13
Rankin Av *EH9* — 41 BH17
Rankin Dr *EH9* — 41 BG17
Rankin Rd *EH9* — 41 BH16
Rannoch Gro *EH4* — 22 AT10
Rannoch Pl *EH4* — 22 AT10
Rannoch Rd *EH4* — 22 AU10
Rannoch Ter *EH4* — 22 AT10
Ransome Gdns *EH4* — 22 AT10
Ratcliffe Ter *EH9* — 41 BG14
Rathbone Pl *EH15* — 27 BR10
Ratho Pk Rd (Ratho), Newbr. *EH28* — 35 AG17
Ravelrig Gait, Bal. *EH14* — 56 AK25
Ravelrig Hill, Bal. *EH14* — 56 AK25
Ravelrig Pk, Bal. *EH14* — 56 AK25
Ravelrig Rd, Bal. *EH14* — 46 AK22
Ravelston Ct *EH12* — 23 AZ11
Ravelston Dykes *EH4* — 23 AZ11
Ravelston Dykes *EH12* — 23 AY11
Ravelston Dykes La *EH4* — 23 AW11
Ravelston Dykes Rd *EH4* — 23 AX10
Ravelston Gdn *EH4* — 23 AY11
Ravelston Hts *EH4* — 23 AY10
Ravelston Ho Gro *EH4* — 23 AY10
Ravelston Ho Ln *EH4* — 23 AY10
Ravelston Ho Pk *EH4* — 23 AY10

Ravelston Ho Rd *EH4* — 23 AY10
Ravelston Pk *EH4* — 24 BA11
Ravelston Pl **6** *EH4* — 24 BB11
Ravelston Ri *EH4* — 23 AY11
Ravelston Ter *EH4* — 24 BB10
Ravelsykes Rd, Pen. *EH26* — 66 AY38
Ravendean Gdns, Pen. *EH26* — 66 AY38
Ravenscroft Gdns *EH17* — 53 BN22
Ravenscroft Pl *EH17* — 53 BN22
Ravenscroft St *EH17* — 53 BN22
Ravensheugh Cres, Muss. *EH21* — 30 CC13
Ravensheugh Rd, Muss. *EH21* — 30 CC13
Ravenswood Av *EH16* — 42 BK18
Red Fox Cres, Pen. *EH26* — 64 BC34
Redbraes Gro *EH7* — 13 BF7
Redbraes Pl *EH7* — 13 BF7
Redburn Rd, Pres. *EH32* — 16 CG10
Redburn Rd N, Pres. *EH32* — 16 CG10
Redcroft St, Dalk. *EH22* — 43 BQ19
Redford Av *EH13* — 49 AX21
Redford Bk *EH13* — 49 AY21
Redford Barracks *EH13* — 49 AY20
Redford Cres *EH13* — 49 AY21
Redford Dr *EH13* — 49 AX21
Redford Gdns *EH13* — 49 AY21
Redford Gro *EH13* — 49 AZ20
Redford Ln *EH13* — 49 AX21
Redford Neuk *EH13* — 49 AZ21
Redford Pl *EH13* — 49 AZ20
Redford Rd *EH13* — 50 BA21
Redford Ter *EH13* — 49 AY21
Redford Wk *EH13* — 49 AY21
Redgauntlet Ter *EH16* — 42 BK18
Redhall Av *EH14* — 39 AW17
Redhall Bk Rd *EH14* — 39 AX18
Redhall Cres *EH14* — 39 AW17
Redhall Dr *EH14* — 39 AW17
Redhall Gdns *EH14* — 39 AW17
Redhall Gro *EH14* — 39 AW17
Redhall Ho Dr *EH14* — 39 AY18
Redhall Pl *EH14* — 39 AW17
Redhall Rd *EH14* — 39 AW17
Redhall Vw *EH14* — 39 AX18
Redheugh Ln **2**, Gore. *EH23* — 68 BY34
Redheughs Av *EH12* — 37 AQ15
Redheughs Rigg *EH12* — 37 AQ14
Redwood Gro (Newt.), Dalk. *EH22* — 62 BV30
Redwood Wk (Newt.), Dalk. *EH22* — 63 BW30
Reed Dr (Newt.), Dalk. *EH22* — 63 BX29
Reekie's Ct *EH8* — 5 BG12
Regent Br **14** *EH1* — 5 BF10
Regent Pl *EH7* — 26 BJ10
Regent Rd *EH1* — 5 BG10
Regent Rd *EH7* — 5 BG10
Regent St *EH15* — 27 BR11
Regent St La *EH15* — 27 BR11
Regent Ter *EH7* — 5 BG10
Regent Ter Ms *EH7* — 5 BH10
Regent's Ct **5** *EH11* — 24 BB13
Regis Ct *EH4* — 21 AR7
Register Pl *EH2* — 5 BF10
Reid Ter *EH3* — 24 BC9
Reid's Cl *EH8* — 5 BH11

Reid's Ct **11** *EH8* — 5 BH11
Relugas Gdns *EH9* — 41 BG16
Relugas Pl *EH9* — 41 BG16
Relugas Rd *EH9* — 41 BG16
Rennie's Isle *EH6* — 13 BH5
Research Av N (Ricc.), Currie *EH14* — 47 AN19
Research Av S (Ricc.), Currie *EH14* — 47 AP19
Restalrig Av *EH7* — 26 BL10
Restalrig Circ *EH7* — 14 BL8
Restalrig Cres *EH7* — 14 BL8
Restalrig Dr *EH7* — 14 BL9
Restalrig Gdns *EH7* — 14 BL9
Restalrig Pk *EH7* — 14 BK8
Restalrig Rd *EH6* — 14 BK7
Restalrig Rd *EH7* — 14 BK8
Restalrig Rd S *EH7* — 26 BL10
Restalrig Sq *EH7* — 14 BL8
Restalrig Ter *EH6* — 14 BJ7
Riccarton Av, Currie *EH14* — 47 AP22
Riccarton Cres, Currie *EH14* — 47 AQ22
Riccarton Dr, Currie *EH14* — 47 AQ22
Riccarton Gro, Currie *EH14* — 47 AQ22
Riccarton Mains Rd, Currie *EH14* — 37 AP18
Richmond La *EH8* — 5 BG12
Richmond Pl *EH8* — 5 BG12
Richmond Ter *EH11* — 4 BC12
Riding Pk *EH4* — 21 AR7
Riogo St *EH13* — 4 BD12
Rigley Ter, Pres. *EH32* — 32 CG11
Rillbank Cres *EH9* — 41 BF14
Rillbank Ter *EH9* — 41 BF14
Ringwood Pl *EH16* — 42 BK19
Rintoul Pl *EH3* — 24 BD9
Riselaw Cres *EH10* — 50 BC20
Riselaw Pl *EH10* — 40 BC19
Riselaw Rd *EH10* — 40 BC19
Riselaw Ter *EH10* — 40 BC19
Ritchie Pl *EH11* — 40 BB14
River Gore Gro, Gore. *EH23* — 68 BY35
River Gore Rd, Gore. *EH23* — 68 BY35
River Gore Vw, Gore. *EH23* — 68 BY35
Riversdale Cres *EH12* — 23 AY13
Riversdale Gro *EH12* — 23 AY12
Riversdale Rd *EH12* — 23 AX12
Riverside **1** *EH4* — 9 AR4
Riverside, Newbr. *EH28* — 34 AB13
Riverside Gdns, Muss. *EH21* — 29 BX14
Riverside Rd (Craig.), S Q'fry *EH30* — 21 AN8
Roanshead Rd (Easth.), Dalk. *EH22* — 55 BY27
Robb's Ln *EH14* — 39 AY15
Robb's Ln Gro *EH14* — 39 AY15
Robert Burns Dr *EH16* — 42 BJ18
Robert Burns Ms **1**, Dalk. *EH22* — 55 BZ24
Robert Smillie Av (Mayf.), Dalk. *EH22* — 69 CA30
Robertson Av *EH11* — 39 AZ14
Robertson Av, Pres. *EH32* — 16 CJ9
Robertson Av, Tran. *EH33* — 33 CM13
Robertson Bk, Gore. *EH23* — 68 BZ36

Robertson Dr, Tran. *EH33* 33 CM12
Robertson's Cl *EH1* 5 BG12
Robertson's Cl, Dalk. *EH22* 55 BW24
Robertson's Ct **17** *EH8* 5 BH11
Rocheid Pk *EH4* 12 BB7
Rocheid Path *EH3* 24 BD8
Rochester Ter *EH10* 40 BC15
Rockville Ter, Bonny. *EH19* 53 BR27
Roddinglaw Rd *EH12* 36 AK15
Rodney Pl *EH7* 25 BE9
Rodney St *EH7* 25 BE8
Romero Pl *EH16* 41 BH14
Ronaldson's Wf *EH6* 13 BH6
Rope Wk, Pres. *EH32* 16 CG10
Rosabelle Rd, Ros. *EH25* 65 BH32
Rose Av, Bonny. *EH19* 62 BT29
Rose Cotts, Bonny. *EH19* 62 BT29
Rose Ct **7** *EH4* 10 AU7
Rose Gdns, Bonny. *EH19* 62 BT29
Rose Gro, Bonny. *EH19* 62 BT29
Rose La, S Q'fry *EH30* 6 AD2
Rose Neuk, Bonny. *EH19* 62 BT29
Rose Pk *EH5* 12 BD6
Rose Pk, Bonny. *EH19* 62 BT29
Rose Path, Bonny. *EH19* 62 BT29
Rose Pl, Bonny. *EH19* 62 BT29
Rose St *EH2* 4 BD11
Rose St N La *EH2* 4 BD11
Rose St S La *EH2* 4 BD11
Rose Ter, Bonny. *EH19* 62 BT29
Rose Way, Bonny. *EH19* 62 BT29
Rosebank Cotts *EH3* 4 BC12
Rosebank Gdns *EH5* 12 BC6
Rosebank Gro *EH5* 12 BC6
Rosebank Rd *EH5* 12 BC6
Rosebery Av, S Q'fry *EH30* 7 AE3
Rosebery Ct, S Q'fry *EH30* 7 AE3
Rosebery Cres *EH12* 24 BB12
Rosebery Cres, Gore. 68 BY37
  EH23
Rosebery Cres La *EH12* 24 BB12
Roseburn Av *EH12* 23 AZ12
Roseburn Cliff *EH12* 23 AZ12
Roseburn Cres *EH12* 23 AZ13
Roseburn Dr *EH12* 23 AZ12
Roseburn Gdns **2** *EH12* 23 AZ12
Roseburn Maltings *EH12* 24 BA12
Roseburn Pl *EH12* 23 AZ12
Roseburn St *EH12* 23 AZ13
Roseburn Ter *EH12* 23 AZ12
Rosefield Av *EH15* 27 BQ11
Rosefield Av La *EH15* 27 BQ11
Rosefield La *EH15* 27 BQ11
Rosefield Pl *EH15* 27 BQ11
Rosefield St *EH15* 27 BQ11
Rosemount Bldgs *EH3* 4 BC12
Roseneath Pl *EH9* 41 BE14
Roseneath St *EH9* 41 BF14
Roseneath Ter *EH9* 41 BF14
Rosevale Pl **5** *EH6* 14 BK7
Rosevale Ter *EH6* 14 BJ7
Roseville Gdns *EH5* 13 BE5
Rosewell Rd, Bonny. *EH19* 61 BP31
Ross Cres, Tran. *EH33* 33 CM14
Ross Gdns *EH9* 41 BG16
Ross Pl *EH9* 41 BH16
Ross Pl (Newt.), Dalk. 63 BX29
  EH22
Ross Rd *EH16* 41 BH17
Rossglen Ct, Ros. *EH25* 60 BJ32

Rosshill Ter (Dalm.), S 7 AF3
  Q'fry *EH30*
Rossie Pl *EH7* 25 BH9
Rosslyn Cres *EH6* 25 BG8
Rosslyn Ter *EH6* 25 BG8
Rothesay Ms *EH3* 24 BB11
Rothesay Pl *EH3* 24 BB11
Rothesay Pl, Muss. *EH21* 29 BZ14
Rothesay Ter *EH3* 24 BB11
Roull Gro *EH12* 38 AT14
Roull Pl *EH12* 38 AU14
Roull Rd *EH12* 38 AT14
Rowallan Ct **6** *EH12* 21 AQ12
Rowan Gdns, Bonny. *EH19* 61 BR29
Rowan Tree Av, 47 AN23
  Currie *EH14*
Rowan Tree Gro, 47 AN24
  Currie *EH14*
Rowanhill Cl (Port S.), 17 CM8
  Pres. *EH32*
Rowanhill Dr (Port S.), 17 CM8
  Pres. *EH32*
Rowanhill Pk (Port S.), 17 CL8
  Pres. *EH32*
Rowanhill Way (Port S.), 17 CM8
  Pres. *EH32*
Rowantree Rd (Mayf.), 69 CA28
  Dalk. *EH22*
Roxburgh Pl *EH8* 5 BG12
Roxburgh St *EH8* 5 BG12
Royal Circ *EH3* 4 BD10
Royal Ct, Pen. *EH26* 66 AZ36
Royal Cres *EH3* 25 BE9
Royal Elizabeth Yd, 7 AG6
  K'lis. *EH29*
Royal Pk Pl *EH8* 26 BK10
Royal Pk Ter *EH8* 26 BK10
Royal Ter *EH7* 5 BG10
Royal Ter Ms *EH7* 5 BH10
Royston Mains Av *EH5* 11 AZ5
Royston Mains Cl *EH5* 11 BA5
Royston Mains Cres *EH5* 11 AZ5
Royston Mains Gdns *EH5* 12 BA5
Royston Mains Grn *EH5* 12 BA5
Royston Mains Pl *EH5* 11 AZ5
Royston Mains Rd *EH5* 12 BA5
Royston Mains St *EH5* 11 AZ5
Royston Ter *EH3* 12 BD7
Rullion Grn Av, Pen. *EH26* 66 AZ36
Rullion Grn Cres, 66 AZ36
  Pen. *EH26*
Rullion Grn Gro, Pen. 66 AZ36
  EH26
Rullion Rd, Pen. *EH26* 66 AZ36
Ruskin Pl **5** (Mayf.), 69 CA30
  Dalk. *EH22*
Russell Gdns *EH12* 24 BA12
Russell Pl *EH5* 12 BD5
Russell Rd *EH11* 24 BA13
Russell Rd *EH12* 24 BA12
Rustic Cotts **2** *EH13* 49 AX20
Rutherford Dr *EH16* 42 BK18
Rutland Ct **22** *EH3* 4 BD12
Rutland Ct La *EH3* 4 BD12
Rutland Pl **8** *EH1* 4 BD11
Rutland Sq *EH1* 4 BD11
Rutland St *EH1* 4 BD11
Ryehill Av *EH6* 14 BK7
Ryehill Gdns *EH6* 14 BK7
Ryehill Gro *EH6* 14 BK8

Ryehill Pl *EH6* 14 BK7
Ryehill Ter *EH6* 14 BK7

S

Saddletree Ln **1** *EH16* 42 BL17
St. Alban's Rd *EH9* 41 BG16
St. Andrew Pl *EH6* 14 BJ7
St. Andrew Sq *EH1* 5 BF10
St. Andrew Sq *EH2* 5 BF10
St. Andrew St, Dalk. *EH22* 55 BW24
St. Annes Ct, Dalk. *EH22* 63 BW30
St. Annes Path, Lass. *EH18* 61 BN29
St. Ann's Av, Lass. *EH18* 61 BN29
St. Anthony La *EH6* 13 BH6
St. Anthony Pl **14** *EH6* 13 BH6
St. Anthony St **15** *EH6* 13 BH6
St. Bernard's Cres *EH4* 4 BC10
St. Bernard's Row *EH4* 24 BD9
St. Catherine's Gdns *EH12* 23 AW13
St. Catherine's Pl *EH9* 41 BG14
St. Clair Av *EH6* 14 BJ8
St. Clair Cres, Ros. *EH25* 60 BJ32
St. Clair Pl *EH6* 14 BJ8
St. Clair Rd *EH6* 14 BJ8
St. Clair St *EH6* 14 BJ8
St. Clair Ter *EH10* 40 BB17
St. Clements Cres **1** 31 CD15
  (Wall.), Muss. *EH21*
St. Clements Gdns N 31 CD15
  (Wall.), Muss. *EH21*
St. Clements Gdns S 31 CD15
  (Wall.), Muss. *EH21*
St. Clements Ter (Wall.), 31 CD15
  Muss. *EH21*
St. Colme St *EH3* 4 BD11
St. Davids (Newt.), 63 BW30
  Dalk. *EH22*
St. David's Pl **9** *EH3* 4 BC12
St. David's Ter **10** *EH3* 4 BC12
St. Fillan's Ter *EH10* 40 BC17
St. Giles' St *EH1* 5 BF11
St. James Cen *EH1* 5 BF10
St. James' Pl *EH1* 5 BF10
St. James Sq *EH1* 5 BF10
St. James's Gdns, 66 BA39
  Pen. *EH26*
St. James's Vw, Pen. *EH26* 66 BA39
St. John St *EH8* 5 BG11
St. John's Av *EH12* 22 AU13
St. John's Cres *EH12* 22 AV13
St. John's Gdns *EH12* 22 AU13
St. John's Hill **9** *EH8* 5 BG12
St. John's Rd *EH12* 22 AT13
St. John's Ter *EH12* 22 AU13
St. Katharine's Brae *EH16* 42 BJ21
St. Katharine's Cres *EH16* 42 BJ21
St. Katharine's Ln *EH16* 52 BK22
St. Kentigern Rd, 66 AZ37
  Pen. *EH26*
St. Leonard's Bk *EH8* 5 BH13
St. Leonard's Crag **4** *EH8* 5 BH13
St. Leonard's Hill *EH8* 5 BG13
St. Leonard's La *EH8* 5 BH13
St. Leonard's St *EH8* 5 BG13
St. Margaret's Pl *EH9* 41 BE15
St. Margaret's Rd *EH9* 40 BD15
St. Mark's La *EH15* 27 BR11
St. Mark's Pl *EH15* 27 BR11
St. Mary's Pl *EH15* 28 BS12
St. Mary's Pl La *EH15* 28 BS11

Entry	Map	Grid
St. Mary's St EH1	5	BG11
St. Michael's Av, Muss. EH21	29	BY14
St. Mungo's Vw, Pen. EH26	67	BB39
St. Ninian's Dr EH12	22	AT12
St. Ninian's Rd EH12	22	AT12
St. Ninian's Row 18 EH8	5	BF10
St. Ninian's Ter EH10	40	BB17
St. Ninians Way, Muss. EH21	30	CC13
St. Patrick Sq EH8	5	BG13
St. Patrick St 7 EH8	5	BG13
St. Peter's Bldgs EH3	4	BC13
St. Peter's Pl EH3	4	BC13
St. Ronan's Ter EH10	40	BC17
St. Stephen Pl EH3	24	BD9
St. Stephen St EH3	24	BD9
St. Teresa Pl EH10	40	BB15
St. Thomas Rd EH9	41	BF15
St. Vincent St EH3	25	BE9
Salamanca Cres, Pen. EH26	64	BC35
Salamander Pl EH6	14	BK6
Salamander St EH6	14	BJ6
Salamander Yards EH6	14	BL7
Salisbury Pl EH9	41	BG14
Salisbury Rd EH16	41	BH14
Salisbury Vw (Mayf.), Dalk. EH22	63	BZ29
Salmond Pl EH7	14	BJ9
Salt Preston Pl 1, Pres. EH32	16	CH10
Salter's Gro, Dalk. EH22	55	BY23
Salter's Rd, Dalk. EH22	45	BZ19
Salter's Rd (Wall.), Muss. EH21	30	CC16
Salter's Ter, Dalk. EH22	55	BY24
Salvesen Cres EH4	11	AW6
Salvesen Gdns EH4	11	AX5
Salvesen Gro EH4	11	AX5
Salvesen Ter EH4	11	AX5
Samoa Ter, Pen. EH26	64	BC35
Sand Port EH6	14	BJ5
Sanderson's Gro, Tran. EH33	33	CM12
Sanderson's Wynd, Tran. EH33	33	CM12
Sandford Gdns EH15	27	BQ11
Sandport Pl EH6	13	BH5
Sandport St EH6	13	BH5
Sauchiebank EH11	24	BA13
Saugh Cotts (Newt.), Dalk. EH22	63	BW31
Saughton Av EH11	39	AY15
Saughton Cres EH12	23	AX13
Saughton Gdns EH12	23	AX13
Saughton Gro EH12	23	AX13
Saughton Ln EH12	23	AX13
Saughton Mains Av EH11	38	AV15
Saughton Mains Bk EH11	38	AV15
Saughton Mains Dr EH11	38	AV16
Saughton Mains Gdns EH11	38	AV16
Saughton Mains Gro EH11	39	AW16
Saughton Mains Ln EH11	30	AV16
Saughton Mains Pk EH11	38	AV15
Saughton Mains Pl EH11	38	AV16
Saughton Mains St EH11	38	AV15
Saughton Mains Ter EH11	38	AV15
Saughton Pk EH12	23	AX13
Saughton Rd EH11	38	AV15
Saughton Rd N EH12	38	AU14
Saughtonhall Av EH12	23	AX13
Saughtonhall Av W EH12	23	AX13
Saughtonhall Circ EH12	23	AY13
Saughtonhall Cres EH12	23	AX13
Saughtonhall Dr EH12	23	AX12
Saughtonhall Gdns EH12	23	AY13
Saughtonhall Gro EH12	23	AY13
Saughtonhall Pl EH12	23	AX13
Saughtonhall Ter EH12	23	AY13
Saunders St EH3	4	BD10
Savile Pl EH9	41	BH16
Savile Ter EH9	41	BH16
Saxe Coburg St EH3	24	BD9
Saxe-Coburg Pl EH3	24	BD9
Saxe-Coburg Ter 12 EH3	24	BD9
Scarlett Pk (Wall.), Muss. EH21	30	CC14
Schaw Rd, Pres. EH32	16	CK10
School Brae EH4	9	AR5
School Brae, Lass. EH18	53	BQ26
School Grn, Lass. EH18	53	BQ26
School La (Cock.), Pres. EH32	17	CL7
School Wynd (Ratho), Newbr. EH28	35	AF17
Sciennes EH9	41	BG14
Sciennes Gdns EH9	41	BG14
Sciennes Hill Pl EH9	41	BG14
Sciennes Ho Pl EH9	41	BG14
Sciennes Pl 9 EH9	41	BG14
Sciennes Rd EH9	41	BF14
Scollon Av, Bonny. EH19	54	BS27
Scone Gdns EH8	26	BL10
Scotland St EH3	25	BE9
Scotstoun Av, S Q'fry EH30	7	AE3
Scotstoun Grn, S Q'fry EH30	7	AE3
Scotstoun Gro 2, S Q'fry EH30	7	AE3
Scotstoun Pk, S Q'fry EH30	7	AE4
Scott Rd, Pen. EH26	66	BA36
Scotway Cen, The, Dalk. EH22	44	BU19
Seacot 1 EH6	14	BL7
Seafield Av EH6	14	BL7
Seafield Ind Est EH15	15	BP9
Seafield Moor Rd EH10	59	BE26
Seafield Pl EH6	14	BL7
Seafield Rd EH6	14	BL7
Seafield Rd (Bils.), Ros. EH25	59	BF29
Seafield Rd E EH15	15	BN8
Seafield St EH6	14	BM7
Seafield Way EH15	15	BN8
Seaforth Dr EH4	23	AY9
Seaforth Ter EH4	23	AY9
Seaforth Ter, Bonny. EH19	61	BP29
Sealcarr St EH5	12	BA4
Seaport St 5 EH6	14	BJ6
Seaview Cres EH15	28	BT12
Seaview Ter EH15	28	BT12
Second Gait (Rice.), Currie EH14	47	AN19
Second St (Newt.), Dalk. EH22	63	BX30
Semple St EH3	4	BD12
Seton Ct (Port S.), Pres. EH32	17	CN7
Seton Ct 8, Tran. EH33	33	CL14
Seton Pl EH9	41	BG14
Seton Pl (Port S.), Pres. EH32	17	CM7
Seton Vw (Port S.), Pres. EH32	17	CN8
Seton Wynd (Port S.), Pres. EH32	17	CN7
Seventh St (Newt.), Dalk. EH22	63	BX30
Shadepark Cres, Dalk. EH22	55	BX23
Shadepark Dr, Dalk. EH22	55	BX23
Shadepark Gdns, Dalk. EH22	55	BX23
Shaftesbury Pk EH11	40	BA15
Shandon Cres EH11	40	BA15
Shandon Pl EH11	40	BA15
Shandon Rd EH11	40	BA15
Shandon St EH11	40	BA15
Shandon Ter EH11	40	BA15
Shandwick Pl EH2	4	BC12
Shanter Way EH16	42	BK18
Sharpdale Ln EH16	42	BJ17
Shaw Pl (Mayf.), Dalk. EH22	55	BZ27
Shaws Ct (Milt.Br), Pen. EH26	64	BC34
Shaw's Cres (Milt.Br), Pen. EH26	64	BC34
Shaw's Pl EH7	26	BG8
Shaw's Sq 7 EH1	25	BG9
Shaw's St EH7	25	BG8
Shaw's Ter EH7	25	BG8
Sheriff Bk EH6	13	BH6
Sheriff Brae EH6	13	BH6
Sheriff Pk EH6	13	BH6
Sherwood Av, Bonny. EH19	62	BS29
Sherwood Ct, Bonny. EH19	62	BS29
Sherwood Cres, Bonny. EH19	62	BS29
Sherwood Dr, Bonny. EH19	62	BS29
Sherwood Gro, Bonny. EH19	62	BS29
Sherwood Ind Est, Bonny. EH19	54	BS28
Sherwood Ln, Bonny. EH19	62	BS29
Sherwood Pk, Bonny. EH19	62	BS29
Sherwood Pl, Bonny. EH19	62	BS29
Sherwood Ter, Bonny. EH19	62	BS29
Sherwood Vw, Bonny. EH19	62	BS29
Sherwood Wk 1, Bonny. EH19	62	BT29
Sherwood Way, Bonny. EH19	62	BS29
Shore EH6	14	BJ6
Shore Pl EH6	14	BJ6
Shore Rd, S Q'fry EH30	6	AD1
Shorthope St, Muss. EH21	29	BY13
Shrub Mt EH15	27	BQ10

Shrub Pl *EH7*	25	BG8	Slater's Steps **26** *EH8*	5	BH11	South Parrotshot *EH15*	27	BQ14
Shrub Pl La *EH7*	25	BG8	Sleigh Dr *EH7*	14	BL9	South St. Andrew St *EH2*	5	BF10
Sienna Gdns *EH9*	41	BG14	Sleigh Gdns *EH7*	14	BL9	South St. David St *EH2*	5	BF10
Sighthill Av *EH11*	38	AU17	Sloan St *EH6*	25	BH8	South Scotstoun,	7	AE4
Sighthill Bk *EH11*	38	AT17	Smeaton Gro (Inv.),	29	BZ15	S Q'fry *EH30*		
Sighthill Ct *EH11*	38	AT17	Muss. *EH21*			South Seton Pk (Port S.),	17	CL8
Sighthill Cres *EH11*	38	AT18	Smithfield St *EH11*	39	AZ14	Pres. *EH32*		
Sighthill Dr *EH11*	38	AT18	Smith's Land **5**,	7	AE2	South Sloan St *EH6*	25	BH8
Sighthill Gdns *EH11*	38	AT17	S Q'fry *EH30*			South Steil *EH10*	40	BA19
Sighthill Grn *EH11*	38	AT17	Smith's Pl *EH6*	13	BH7	South St, Dalk. *EH22*	55	BW24
Sighthill Gro *EH11*	38	AU17	Smithy Grn Av (Dand.),	43	BQ20	South St, Muss. *EH21*	29	BX13
Sighthill Ind Est *EH11*	38	AS17	Dalk. *EH22*			South Trinity Rd *EH5*	12	BD6
Sighthill Ln *EH11*	38	AT17	Society Rd, S Q'fry *EH30*	6	AB1	South Vw **1**, Pres. *EH32*	16	CJ10
Sighthill Neuk *EH11*	38	AT17	Solicitor's Bldgs **33** *EH1*	5	BF12	Southbank **8** *EH4*	10	AU7
Sighthill Pk *EH11*	38	AT17	Somers Pk, Tran. *EH33*	33	CL14	Southbank Ct **9** *EH4*	10	AU7
Sighthill Pl *EH11*	38	AT17	Somerset Pl *EH6*	14	BJ7	Southfield Bk *EH15*	27	BP13
Sighthill Ri *EH11*	38	AT18	Sommerville Gdns,	7	AF4	Southfield Fm Gro *EH15*	27	BN12
Sighthill Rd *EH11*	38	AT18	S Q'fry *EH30*			Southfield Gdns E *EH15*	27	BP12
Sighthill St *EH11*	38	AT18	Sour Howe *EH13*	50	BB22	Southfield Gdns W *EH15*	27	BP13
Sighthill Ter *EH11*	38	AT17	South Barnton Av *EH4*	22	AU8	Southfield Ln *EH15*	27	BP13
Sighthill Vw *EH11*	38	AT17	South Beechwood *EH12*	23	AW13	Southfield Pl *EH15*	27	BQ11
Sighthill Wynd *EH11*	38	AT17	South Br *EH1*	5	BF11	Southfield Rd E *EH15*	27	BP13
Silverburn Dr, Pen. *EH26*	66	AY37	South Br *EH8*	5	BF11	Southfield Rd W *EH15*	27	BN13
Silverknowes Av *EH4*	10	AU7	South Charlotte St *EH2*	4	BD11	Southfield Sq *EH15*	27	BP13
Silverknowes Bk *EH4*	10	AV7	South Clerk St *EH8*	5	BG13	Southfield Ter *EH15*	27	BP13
Silverknowes Brae *EH4*	10	AV7	South College St *EH8*	5	BF12	Southfield Vil **1** *EH15*	27	BQ12
Silverknowes Ct *EH4*	10	AV7	South Cres, Pres. *EH32*	16	CJ10	Southhouse Av *EH17*	52	BK22
Silverknowes Cres *EH4*	10	AV6	South Doors (Cock.),	17	CL7	Southhouse Boundary	52	BK22
Silverknowes Dell *EH4*	11	AW7	Pres. *EH32*			*EH17*		
Silverknowes Dr *EH4*	10	AV7	South E Circ Pl **13** *EH3*	4	BD10	Southhouse Bdy *EH17*	52	BK22
Silverknowes Eastway *EH4*	10	AV7	South Elixa Pl *EH8*	26	BM11	Southhouse Cres *EH17*	52	BK23
Silverknowes Gdns *EH4*	10	AV6	South Ettrick Rd *EH10*	40	BB15	Southhouse Gdns *EH17*	52	BK23
Silverknowes Grn *EH4*	11	AW7	South Fort St *EH6*	13	BG6	Southhouse Gro *EH17*	52	BK23
Silverknowes Gro *EH4*	10	AV6	South Gayfield La *EH1*	25	BG9	Southhouse Ln *EH17*	52	BK22
Silverknowes Hill *EH4*	10	AV7	South Gillsland Rd *EH10*	40	BB15	Southhouse Medway	52	BK22
Silverknowes Ln *EH4*	10	AU7	South Gra Av, Pres. *EH32*	32	CG11	*EH17*		
Silverknowes Midway *EH4*	11	AW7	South Gray St *EH9*	41	BH15	Southhouse Path *EH17*	52	BK22
Silverknowes Neuk *EH4*	23	AW8	South Gray's Cl *EH1*	5	BG11	Southhouse Rd *EH17*	52	BJ22
Silverknowes Parkway *EH4*	10	AV6	South Groathill Av *EH4*	23	AY9	Southhouse Sq **1** *EH17*	52	BK23
Silverknowes Pl *EH4*	10	AV6	South Gyle Access *EH12*	38	AS15	Southhouse Ter *EH17*	52	BK22
Silverknowes Rd *EH4*	10	AV6	South Gyle Bdy *EH12*	37	AR14	Southlawn Ct **10** *EH4*	10	AU7
Silverknowes Rd E *EH4*	10	AV7	South Gyle Cres *EH12*	38	AS16	Soutra Ct *EH16*	42	BK21
Silverknowes Rd S *EH4*	22	AV8	South Gyle Cres La *EH12*	37	AR15	Spa Pl **7** *EH15*	27	BQ10
Silverknowes Southway	11	AW7	South Gyle Gdns *EH12*	37	AR14	Spalding Cres, Dalk. *EH22*	55	BX24
EH4			South Gyle Ind Est *EH12*	37	AR15	Speedwell Av, Dalk. *EH22*	43	BQ19
Silverknowes Ter *EH4*	10	AU7	South Gyle Ln *EH12*	37	AR14	Spence St *EH16*	41	BH14
Silverknowes Vw *EH4*	11	AW7	South Gyle Mains *EH12*	38	AS14	Spencer Pl *EH5*	12	BD5
Silvermills *EH3*	24	BD9	South Gyle Pk *EH12*	37	AR14	Spey St *EH7*	25	BG8
Simon Sq **4** *EH8*	5	BG12	South Gyle Pk Business	37	AR15	Spey St La *EH7*	25	BG8
Sinclair Cl **2** *EH11*	40	BA15	Est *EH12*			Spey Ter *EH7*	25	BG8
Sinclair Gdns *EH11*	40	BA14	South Gyle Rd *EH12*	37	AR14	Spier's Pl **16** *EH6*	13	BH6
Sinclair Pl *EH11*	39	AZ14	South Gyle Shop Cen	37	AQ14	Spinney, The *EH17*	42	BM21
Sir Harry Lauder Rd *EH15*	27	BP10	*EH12*			Spittal St *EH3*	4	BD12
Sir Walter Scott Pend **7**,	16	CH9	South Gyle Wynd *EH12*	38	AS14	Spittal St La **21** *EH3*	4	BE12
Pres. *EH32*			South Lauder Rd *EH9*	41	BG15	Spittalfield Cres *EH8*	5	BG13
Sir William Fraser Homes	49	AW20	South Laverockbank Av	13	BE5	Spottiswoode Rd *EH9*	41	BE14
EH13			*EH5*			Spottiswoode St *EH9*	41	BE14
Sixth St (Newt.),	63	BW30	South Learmonth Av *EH4*	24	BB10	Spring Gdns *EH8*	26	BJ10
Dalk. *EH22*			South Learmonth Gdns	24	BB10	Springfield *EH6*	13	BH7
Skeltiemuir Av,	61	BQ30	*EH4*			Springfield Bldgs **3** *EH6*	13	BH7
Bonny. *EH19*			South Lorimer Pl (Cock.),	17	CL8	Springfield Cres,	6	AB2
Skeltiemuir Ct,	61	BQ30	Pres. *EH32*			S Q'fry *EH30*		
Bonny. *EH19*			South Lorne Pl *EH6*	25	BH8	Springfield La *EH6*	13	BH7
Skeltiemuir Gro,	61	BR30	South Maybury *EH12*	37	AQ13	Springfield Lea,	6	AB2
Bonny. *EH19*			South Meadow Wk *EH9*	4	BE13	S Q'fry *EH30*		
Slaeside, Bal. *EH14*	56	AL26	South Mellis Pk *EH8*	27	BN11	Springfield Pl, Gore. *EH23*	68	BZ36
Slateford Grn *EH14*	39	AZ16	South Morton St *EH15*	28	BS12	Springfield Pl, Ros. *EH25*	60	BJ31
Slateford Rd *EH11*	39	AZ15	South Oswald Rd *EH9*	41	BE16	Springfield Pl, S Q'fry *EH30*	6	AB2
Slateford Rd *EH14*	39	AY17	South Oxford St *EH8*	41	BH14	Springfield Rd, S Q'fry	6	AB2
Slateford Rd Br *EH11*	40	BA15	South Pk *EH6*	13	BF5	*EH30*		

Springfield St EH6	13	BH7
Springfield Ter, S Q'fry EH30	6	AB2
Springfield Vw, S Q'fry EH30	6	AB2
Springvalley Gdns EH10	40	BC16
Springvalley Ter EH10	40	BC16
Springwell Pl EH11	24	BB13
Springwood Pk EH16	42	BK19
Spruce Wk, Lnhd EH20	59	BG28
Spylaw Av EH13	48	AV20
Spylaw Bk Rd EH13	48	AV20
Spylaw Ho EH13	49	AW21
Spylaw Pk EH13	48	AV20
Spylaw Rd EH10	40	BB15
Spylaw St EH13	49	AW21
Square, The (Dand.), Dalk. EH22	43	BR19
Square, The (Newt.), Dalk. EH22	63	BX30
Square, The 1, K'lis. EH29	18	AD10
Square, The, Pen. EH26	67	BB39
Stable Cor, Pres. EH32	16	CH9
Stable La EH10	40	BC16
Stafford St EH3	4	BC11
Stair Pl EH12	23	AY12
Stair Pk, Tran. EH33	32	CK12
Standingstane Rd (Dalm.), S Q'fry EH30	7	AG5
Stanedykehead EH16	51	BH21
Stanhope Pl EH12	24	BA12
Stanhope St EH12	24	BA12
Stanley Av (Bils.), Ros. EH25	59	BG29
Stanley Pl EH7	26	BJ10
Stanley Rd EH6	13	BE5
Stanley St EH15	27	BQ12
Stanwell St EH6	13	BH7
Stapeley Av EH7	15	BN9
Starbank Rd EH5	13	BE5
Stark's Cotts 1 EH13	50	BA20
Station Brae EH15	27	BQ11
Station Ln, Bal. EH14	46	AL24
Station Rd EH12	22	AU13
Station Rd, Dalk. EH22	54	BU25
Station Rd (Newt.), Dalk. EH22	63	BW29
Station Rd, Gore. EH23	68	BY36
Station Rd, K'lis. EH29	18	AD9
Station Rd, Lnhd EH20	52	BL27
Station Rd, Muss. EH21	29	BX14
Station Rd (Ratho Sta), Newbr. EH28	35	AE13
Station Rd, Pres. EH32	32	CJ11
Station Rd, Ros. EH25	60	BJ31
Station Rd, S Q'fry EH30	7	AF3
Station Ter, K'lis. EH29	18	AD10
Stead's Pl EH6	13	BH7
Steele Av (Mayf.), Dalk. EH22	69	CB29
Steel's Pl EH10	40	BD16
Steil Gro, Tran. EH33	33	CM14
Steils, The EH10	40	BA18
Stenhouse Av EH11	39	AW14
Stenhouse Av W EH11	39	AW15
Stenhouse Cotts EH11	39	AW16
Stenhouse Cres EH11	39	AW15
Stenhouse Cross EH11	39	AW15
Stenhouse Dr EH11	39	AW15
Stenhouse Gdns EH11	39	AW15
Stenhouse Gdns N EH11	39	AW15
Stenhouse Gro EH11	39	AW15
Stenhouse Mill Cres EH11	39	AX16
Stenhouse Mill La EH11	39	AX16
Stenhouse Mill Wynd EH11	39	AX16
Stenhouse Pl E EH11	39	AW15
Stenhouse Pl W EH11	39	AW15
Stenhouse Rd EH11	39	AW16
Stenhouse St E EH11	39	AW15
Stenhouse St W EH11	38	AV15
Stenhouse Ter EH11	39	AX15
Stennis Gdns 1 EH17	42	BL20
Stevenlaw's Cl EH1	5	BF11
Stevenson Av EH11	39	AY14
Stevenson Dr EH11	39	AW15
Stevenson Gro EH11	39	AY14
Stevenson La (Newt.), Dalk. EH22	63	BX31
Stevenson Pl, Lass. EH18	60	BM29
Stevenson Rd EH11	39	AY14
Stevenson Rd, Pen. EH26	64	BC35
Stevenson Ter EH11	39	AY14
Stewart Av, Currie EH14	47	AN24
Stewart Clark Av, S Q'fry EH30	7	AE3
Stewart Cres, Currie EH14	47	AN23
Stewart Gdns, Currie EH14	47	AN23
Stewart Gro, Dalk. EH22	43	BQ19
Stewart Pl, Currie EH14	47	AN24
Stewart Pl, K'lis. EH29	18	AD9
Stewart Rd, Currie EH14	47	AN24
Stewart Ter EH11	39	AZ14
Stewart Ter, S Q'fry EH30	6	AD2
Stewartfield EH6	13	BF7
Stirling Rd EH5	12	BD5
Stobhill Rd (Newt.), Dalk. EH22	63	BX31
Stobhill Rd (Gowks.), Gore. EH23	63	BX32
Stone Av (Mayf.), Dalk. EH22	63	BZ29
Stone Cres (Mayf.), Dalk. EH22	63	BZ29
Stone Pl (Mayf.), Dalk. EH22	63	BZ30
Stoneybank Av, Muss. EH21	29	BW15
Stoneybank Ct, Muss. EH21	29	BW14
Stoneybank Cres, Muss. EH21	29	BX15
Stoneybank Dr, Muss. EH21	29	BW14
Stoneybank Gdns, Muss. EH21	29	BW14
Stoneybank Gdns N, Muss. EH21	29	BW14
Stoneybank Gdns S, Muss. EH21	29	BX15
Stoneybank Gro, Muss. EH21	29	BX15
Stoneybank Pl, Muss. EH21	29	BX15
Stoneybank Rd, Muss. EH21	29	BX15
Stoneybank Ter, Muss. EH21	29	BX15
Stoneycroft Rd, S Q'fry EH30	7	AE2
Stoneyflatts, S Q'fry EH30	6	AC2
Stoneyflatts Cres, S Q'fry EH30	6	AC2
Stoneyflatts Pk, S Q'fry EH30	6	AC3
Stoneyhill Av, Muss. EH21	29	BW14
Stoneyhill Ct, Muss. EH21	29	BW14
Stoneyhill Cres, Muss. EH21	29	BW14
Stoneyhill Dr, Muss. EH21	29	BW14
Stoneyhill Fm Rd, Muss. EH21	29	BW14
Stoneyhill Gro, Muss. EH21	29	BW14
Stoneyhill Pl, Muss. EH21	29	BW14
Stoneyhill Ri, Muss. EH21	29	BW14
Stoneyhill Rd, Muss. EH21	29	BW14
Stoneyhill Steading, Muss. EH21	29	BW14
Stoneyhill Ter, Muss. EH21	29	BW14
Stoneyhill Wynd, Muss. EH21	29	BW14
Strachan Gdns EH4	23	AW9
Strachan Rd EH4	23	AX10
Straiton Mains (Strait.), Lnhd EH20	52	BJ26
Straiton Pk (Strait.), Lnhd EH20	52	BJ26
Straiton Pk Caravan Site (Strait.), Lnhd EH20	59	BH26
Straiton Pk Shop Cen (Strait.), Lnhd EH20	52	BJ26
Straiton Pl EH15	27	BR10
Straiton Rd (Strait.), Lnhd EH20	52	BJ25
Strathalmond Ct EH4	21	AP8
Strathalmond Grn EH4	21	AP8
Strathalmond Pk EH4	21	AP9
Strathalmond Rd EH4	21	AP8
Strathearn Pl EH9	40	BD15
Strathearn Rd EH9	41	BE15
Strathesk Gro, Pen. EH26	67	BC37
Strathesk Pl, Pen. EH26	67	BC37
Strathesk Rd, Pen. EH26	67	BC37
Strawberry Bk, Dalk. EH22	54	BU26
Stuart Cres EH12	21	AR11
Stuart Grn EH12	21	AR11
Stuart Pk EH12	21	AR11
Stuart Sq EH12	21	AR11
Stuart Wynd EH12	21	AR11
Succoth Av EH12	23	AZ11
Succoth Ct EH12	23	AZ11
Succoth Gdns EH12	23	AZ11
Succoth Pk EH12	23	AY11
Succoth Pl EH12	23	AZ11
Suffolk Rd EH16	41	BH16
Summer Pl EH3	25	BE8
Summerbank EH3	25	BE9
Summerfield Gdns EH6	14	BK7
Summerfield Pl EH6	14	BK7
Summerhall 13 EH9	41	BG14
Summerhall Cres 12 EH9	5	BG13
Summerhall Pl 11 EH9	41	BG14
Summerhall Sq EH9	41	BG14
Summerlee, Pres. EH32	16	CG10
Summerside Pl EH6	13	BF6
Summerside St EH6	13	BF6
Summertrees Ct EH16	42	BK18
Sunbury Ms EH4	24	BB11
Sunbury Pl EH4	24	BB11

Sunbury St *EH4* 24 BB11
Sunnybank *EH7* 26 BK10
Sunnybank Pl *EH7* 26 BK10
Sunnybank Ter **11** *EH7* 26 BJ10
Sunnyside *EH7* 14 BJ9
Surrey Pl **8** *EH12* 24 BA12
Sutherland St *EH12* 24 BA12
Suttieslea Cres (Newt.), 63 BY29
Dalk. *EH22*
Suttieslea Dr (Newt.), 63 BY29
Dalk. *EH22*
Suttieslea Pl (Newt.), 63 BY29
Dalk. *EH22*
Suttieslea Rd (Newt.), 63 BY29
Dalk. *EH22*
Suttieslea Wk (Newt.), 63 BY29
Dalk. *EH22*
Swan Cres, Gore. *EH23* 68 BY34
Swan Rd, Tran. *EH33* 33 CL14
Swan Spring Av *EH10* 50 BC20
Swanfield *EH6* 13 BH6
Swanston Av *EH10* 50 BC22
Swanston Cres *EH10* 50 BC22
Swanston Dr *EH10* 50 BD23
Swanston Gdns *EH10* 50 BC22
Swanston Grn *EH10* 50 BC22
Swanston Gro *EH10* 50 BD22
Swanston Ln *EH10* 50 BC22
Swanston Muir *EH10* 50 BA22
Swanston Pk *EH10* 50 BC22
Swanston Pl *EH10* 50 BC22
Swanston Rd *EH10* 50 BB22
Swanston Row *EH10* 50 BC22
Swanston Ter *EH10* 50 BD22
Swanston Vw *EH10* 50 BC22
Swanston Way *EH10* 50 BC22
Sycamore Av (Port S.), 17 CM8
Pres. *EH32*
Sycamore Gdns *EH12* 22 AT13
Sycamore Path **1**, 59 BG28
Lnhd *EH20*
Sycamore Rd (Mayf.), 69 CA29
Dalk. *EH22*
Sycamore Ter *EH12* 22 AU13
Sydney Pk *EH7* 15 BN9
Sydney Pl *EH7* 15 BN9
Sydney Ter *EH7* 15 BN9
Sylvan Pl *EH9* 41 BF14
Syme Cres *EH10* 40 BA19
Syme Pl **2** *EH10* 40 BA19
Syme Rigg **4** *EH10* 40 BA19

T

Tait Dr, Pen. *EH26* 67 BB38
Tait St, Dalk. *EH22* 55 BW24
Talisman Pl *EH16* 42 BK18
Tanfield *EH3* 25 BE8
Tantallon Pl *EH9* 41 BG14
Tarvit St *EH3* 4 BD12
Tay St *EH11* 40 BB14
Taylor Gdns *EH6* 13 BH6
Taylor Pl *EH7* 26 BJ10
Taylor Pl, Dalk. *EH22* 55 BY25
Telfer Subway *EH11* 24 BB13
Telferton *EH7* 27 BP10
Telford Cotts, Pen. *EH26* 67 BB39
Telford Dr *EH4* 23 AZ8
Telford Gdns *EH4* 23 AZ8
Telford Pl *EH4* 23 AZ8
Telford Rd *EH4* 23 AZ9

Templar's Cramond *EH4* 21 AQ7
Temple Pk Cres *EH11* 40 BB14
Templeland Gro *EH12* 22 AT12
Templeland Rd *EH12* 22 AS12
Tennant St *EH6* 13 BH7
Tenth St (Newt.), 63 BX29
Dalk. *EH22*
Terrars Cft *EH8* 5 BH13
Terregles, Pen. *EH26* 66 AZ37
Teviot Gro, Pen. *EH26* 67 BB36
Teviot Pl *EH1* 5 BF12
Teviot Pl *EH8* 5 BF12
Teviotdale Pl *EH3* 24 BD9
Third Gait (Ricc.), 47 AN19
Currie *EH14*
Third St (Newt.), 63 BW31
Dalk. *EH22*
Thirlestane La *EH9* 41 BE15
Thirlestane Rd *EH9* 41 BE14
Thistle Ct **15** *EH2* 4 BE10
Thistle Pl *EH11* 4 BC13
Thistle St *EH2* 4 BE10
Thistle St N E La *EH2* 4 BE10
Thistle St N W La *EH2* 4 BE10
Thistle St S E La *EH2* 4 BE10
Thistle St S W La *EH2* 4 BE10
Thomson Cres, 47 AR22
Currie *EH14*
Thomson Cres (Port S.), 17 CM7
Pres. *EH32*
Thomson Dr, Currie *EH14* 47 AR22
Thomson Gro, Currie 47 AR22
EH14
Thomson Rd, Currie *EH14* 47 AR22
Thomson's Ct **35** *EH1* 4 BE12
Thorburn Gro *EH13* 49 AY21
Thorburn Rd *EH13* 49 AX20
Thorburn Ter, Pen. *EH26* 66 BA39
Thorntree Cres, Pres. *EH32* 16 CK10
Thorntree St *EH6* 14 BJ7
Thorntreeside *EH6* 14 BJ7
Thornville Ter *EH6* 14 BJ8
Thornybank, Dalk. *EH22* 55 BY23
Thornybank Ind Est, 55 BY23
Dalk. *EH22*
Thornybauk *EH3* 4 BD12
Thornyhall, Dalk. *EH22* 55 BY23
Threipmuir Av, Bal. *EH14* 56 AL27
Threipmuir Gdns, 56 AL27
Bal. *EH14*
Threipmuir Pl, Bal. *EH14* 56 AL27
Timber Bush *EH6* 14 BJ5
Timmins Ct (Ratho), 35 AF17
Newbr. *EH28*
Tinto Pl *EH6* 13 BG7
Tipperlinn Rd *EH10* 40 BC15
Toddshill Rd, K'lis. *EH29* 18 AC10
Tolbooth Wynd *EH6* 13 BH6
Torduff Rd *EH13* 49 AW23
Torphichen Pl *EH3* 4 BC12
Torphichen St *EH3* 4 BC12
Torphin Bk *EH13* 48 AV22
Torphin Rd *EH13* 48 AV22
Torrance Pk *EH4* 22 AS10
Torsonce Rd, Dalk. *EH22* 54 BV25
Toscana Ct, Dalk. *EH22* 43 BQ19
Toward Ct **5** *EH12* 21 AQ12
Tower Pl *EH6* 14 BJ5
Tower St *EH6* 14 BJ5
Tower St La *EH6* 14 BJ5

Townswomen's Guild 5 BF13
Wk *EH3*
Trafalgar La *EH6* 13 BF6
Trafalgar St *EH6* 13 BG6
Traprain Ter, Lnhd *EH20* 60 BL28
Traquair Pk E *EH12* 22 AV13
Traquair Pk W *EH12* 22 AU13
Trelawney Ter, Pen. *EH26* 64 BC35
Trench Knowe *EH10* 50 BC22
Tressilian Gdns *EH16* 42 BK18
Trinity Ct *EH5* 12 BD6
Trinity Cres *EH5* 12 BD4
Trinity Gro *EH5* 12 BD5
Trinity Mains *EH5* 12 BD6
Trinity Rd *EH5* 12 BD5
Trinity Way *EH5* 12 BD6
Tron Sq **46** *EH1* 5 BF11
Trotter Haugh *EH9* 41 BF16
Tryst Pk *EH10* 50 BB22
Turner Av, Bal. *EH14* 46 AK24
Turner Pk, Bal. *EH14* 46 AL24
Turnhouse Fm Rd *EH12* 20 AL10
Turnhouse Rd *EH12* 20 AM11
Turret Gdns, Pres. *EH32* 32 CH11
Tyler's Acre Av *EH12* 38 AU14
Tyler's Acre Gdns *EH12* 38 AU14
Tyler's Acre Rd *EH12* 38 AU14
Tynecastle La *EH11* 40 BA14
Tynecastle Ter *EH11* 40 BA14
Tytler Gdns *EH8* 5 BH10

U

Ulster Cres *EH8* 26 BL11
Ulster Dr *EH8* 26 BL11
Ulster Gdns *EH8* 26 BM11
Ulster Gro *EH8* 26 BM12
Ulster Ter *EH8* 26 BM12
Union Pk, Bonny. *EH19* 61 BR29
Union Pl **8** *EH1* 5 BG10
Union St *EH1* 25 BF9
Upper Bow **26** *EH1* 5 BF11
Upper Broomieknowe, 53 BQ27
Lass. *EH18*
Upper Coltbridge Ter *EH12* 23 AZ11
Upper Craigour *EH17* 43 BN19
Upper Craigour Way *EH17* 42 BM18
Upper Cramond Ct *EH4* 21 AR7
Upper Damside *EH4* 24 BB11
Upper Dean Ter *EH4* 4 BC10
Upper Gilmore Pl *EH3* 4 BD13
Upper Gilmore Ter *EH3* 4 BD13
Upper Gray St *EH9* 41 BG14
Upper Greenside La **13** *EH1* 5 BG10
Upper Gro Pl *EH3* 4 BC13
Upper Hermitage *EH6* 14 BJ7

V

Valleyfield Rd, Pen. *EH26* 67 BB39
Valleyfield St *EH3* 4 BD13
Valleyfield Vw, Pen. *EH26* 67 BB39
Vanburgh Pl *EH6* 14 BJ7
Vandeleur Av *EH7* 27 BN10
Vandeleur Gro *EH7* 27 BP10
Vandeleur Pl *EH7* 15 BN9
Vauclause Pl, Pen. *EH26* 66 BA39
Veitch's Sq *EH4* 24 BD9
Vennel *EH1* 4 BE12
Vennel **3**, S Q'fry *EH30* 7 AE2
Ventnor Pl *EH9* 26 BJ15
Ventnor Ter *EH9* 41 BH15

Vernon Cotts **2** *EH15* 27 BR11
Vexhim Pk *EH15* 27 BR14
Victor Pk Ter *EH12* 22 AT12
Victoria Dock *EH6* 13 BH5
Victoria Gdns (Newt.), 62 BV29
Dalk. *EH22*
Victoria Rd (Newt.), 62 BV29
Dalk. *EH22*
Victoria St *EH1* 5 BF12
Victoria St, Rose. *EH24* 60 BM33
Victoria Ter **37** *EH1* 4 BE12
Victoria Ter, Muss. *EH21* 30 CA13
Viewbank Av, Bonny. 54 BT27
EH19
Viewbank Cres **3**, 54 BS27
Bonny. *EH19*
Viewbank Dr, Bonny. *EH19* 54 BS27
Viewbank Rd, Bonny. 53 BR27
EH19
Viewbank Vw, Bonny. 54 BS27
EH19
Viewcraig Gdns *EH8* 5 BG11
Viewcraig St *EH8* 5 BG11
Viewfield, Bonny. *EH19* 54 BT27
Viewfield Rd, Jun. 48 AU20
Grn *EH14*
Viewforth *EH10* 40 BC14
Viewforth *EH11* 4 BC13
Viewforth (Port S.), 17 CM7
Pres. *EH32*
Viewforth Bk, S Q'fry *EH30* 6 AD2
Viewforth Gdns *EH10* 40 BD14
Viewforth Gdns **18**, 33 CL13
Tran. *EH33*
Viewforth Pl, S Q'fry *EH30* 6 AD3
Viewforth Rd, S Q'fry *EH30* 6 AD2
Viewforth Sq *EH10* 40 BC14
Viewforth Ter *EH10* 40 BC14
Viewforth Ter **17**, 33 CL13
Tran. *EH33*
Viewpark Gdns, 53 BR27
Bonny. *EH19*
Villa Rd, S Q'fry *EH30* 6 AD2
Violet Ter *EH11* 40 BA14
Vivian Ter *EH4* 22 AV8
Vogrie Cres S, Gore. *EH23* 68 BZ36
Vogrie Pl, Gore. *EH23* 68 BZ35
Vogrie Rd, Gore. *EH23* 68 BZ35
Vorlich Cres, Pen. *EH26* 67 BC36

W

Wadingburn La, 53 BP26
Lass. *EH18*
Wadingburn Rd, 53 BN27
Lass. *EH18*
Wakefield Av *EH7* 15 BP9
Walker Cres, Dalk. *EH22* 54 BT26
Walker Dr, S Q'fry *EH30* 6 AC2
Walker Pl, Lass. *EH18* 61 BN29
Walker St *EH3* 4 BC11
Walker Ter **17** *EH11* 4 BC12
Walkers Ct **1** *EH14* 38 AU18
Walkers Rigg *EH14* 38 AU18
Walkers Wynd *EH14* 38 AU18
Wallace Cres, Ros. *EH25* 60 BJ31
Wallace Pl **1**, Tran. *EH33* 33 CL12
Wallyford Ind Est (Wall.), 31 CD15
Muss. *EH21*
Wallyford LnRd (Wall.), 31 CD13
Muss. *EH21*

Wallyford Toll (Wall.), 31 CE13
Muss. *EH21*
Walter Scott Av *EH16* 42 BK18
Wanless Ct, Muss. *EH21* 29 BZ13
Warden's Cl *EH1* 5 BF12
Wardie Av *EH5* 12 BC6
Wardie Cres *EH5* 12 BB5
Wardie Dell *EH5* 12 BC5
Wardie Gro *EH5* 12 BB5
Wardie Ho La *EH5* 12 BC4
Wardie Pk *EH5* 12 BC6
Wardie Rd *EH5* 12 BC6
Wardie Sq *EH5* 12 BC5
Wardie Steps *EH5* 12 BC5
Wardieburn Dr *EH5* 12 BB5
Wardieburn Pl C *EH5* 12 BB5
Wardieburn Pl N *EH5* 12 BB5
Wardieburn Pl S *EH5* 12 BB5
Wardieburn Pl W *EH5* 12 BA5
Wardieburn Rd *EH5* 12 BA5
Wardieburn St E *EH5* 12 BB5
Wardieburn St W *EH5* 12 BA5
Wardieburn Ter *EH5* 12 BA5
Wardiefield *EH5* 12 BB5
Wardlaw Pl *EH11* 40 BA14
Wardlaw St *EH11* 40 BA14
Wardlaw Ter *EH11* 40 BA14
Warrender Pk Cres *EH9* 40 BD14
Warrender Pk Rd *EH9* 41 BE14
Warrender Pk Ter *EH9* 41 BE14
Warriston Av *EH3* 13 BE7
Warriston Cres *EH3* 25 BE8
Warriston Dr *EH3* 12 DD7
Warriston Fm Rd, 46 AL21
Currie *EH14*
Warriston Gdns *EH3* 12 BD7
Warriston Gro *EH3* 12 BD7
Warriston Pl *EH3* 25 BE8
Warriston Rd *EH3* 25 BE8
Warriston Rd *EH7* 13 BE6
Warriston Ter *EH3* 12 BD7
Washington La *EH11* 24 BB13
Washington St *EH11* 24 BB13
Water of Leith Walkway 39 AW19
EH13
Water of Leith Walkway 39 AW19
EH14
Water St *EH6* 14 BJ6
Waterfall Wk, Dalk. *EH22* 55 BX25
Waterloo Bk, Pen. *EH26* 67 BB39
Waterloo Pl *EH1* 5 BF10
Water's Cl **6** *EH6* 14 BJ6
Watertoun Rd *EH9* 41 BG16
Watson Cres *EH11* 40 BB14
Watson St, Pen. *EH26* 66 BA38
Watt Gro (Mayf.), 69 CA30
Dalk. *EH22*
Watt Pk (Newt.), 63 BX31
Dalk. *EH22*
Watt's Cl, Muss. *EH21* 29 BX13
Wauchope Av *EH16* 27 BN15
Wauchope Cres *EH16* 27 BN15
Wauchope Ho *EH16* 43 BP16
Wauchope Pl *EH16* 27 BN15
Wauchope Rd *EH16* 27 BP15
Wauchope Sq *EH16* 27 BP15
Wauchope Ter *EH16* 27 BP15
Waugh Path, Bonny. 54 BT27
EH19
Waulkmill Dr, Pen. *EH26* 67 BB39

Waulkmill Ln, Currie *EH14* 47 AN24
Waulkmill Rd, Pen. *EH26* 67 BC38
Waulkmill Vw, Pen. *EH26* 67 BB38
Waverley Br *EH1* 5 BF11
Waverley Ct, Bonny. *EH19* 54 BS28
Waverley Cres, 54 BS28
Bonny. *EH19*
Waverley Dr, Bonny. *EH19* 54 BS28
Waverley Pk *EH8* 26 BJ10
Waverley Pk, Bonny. *EH19* 54 BS28
Waverley Pk (Mayf.), 63 BZ29
Dalk. *EH22*
Waverley Pk Ter *EH8* 26 BJ10
Waverley Pl *EH7* 26 BJ10
Waverley Rd, Bonny. *EH19* 54 BS28
Waverley Rd, Dalk. *EH22* 54 BV25
Waverley St *EH2* 5 BF11
Waverley St (Mayf.), 63 BZ30
Dalk. *EH22*
Waverley Ter, Bonny. *EH19* 54 BS28
Waverley Ter (Mayf.), 63 BZ29
Dalk. *EH22*
Weaver's Knowe Cres, 47 AP22
Currie *EH14*
Websters Land **39** *EH1* 4 BE12
Wedderburn Ter (Inv.), 29 BZ15
Muss. *EH21*
Wee Brae, Lass. *EH18* 53 BQ26
Weir Ct *EH11* 38 AT17
Weir Cres, Dalk. *EH22* 54 BU25
Well Ct **23** *EH4* 4 BC11
Well Wynd, Tran. *EH33* 33 CM13
Wellflats Rd, K'lis. *EH29* 18 AD10
Wellhead Cl, S Q'fry *EH30* 7 AF3
Wellington Pl *EH6* 14 BJ6
Wellington St *EH7* 25 BH9
Wemyss Gdns (Wall.), 31 CE14
Muss. *EH21*
Wemyss Pl *EH3* 4 BD10
Wemyss Pl (Port S.), 17 CL7
Pres. *EH32*
Wemyss Pl Ms *EH3* 4 BD10
Werberside Ms *EH4* 12 BA7
Wesley Cres, Bonny. *EH19* 54 BT28
West Adam St *EH8* 5 BG12
West Annandale St *EH7* 25 BF8
West App Rd *EH3* 4 BD12
West App Rd *EH11* 24 BB13
West Bow *EH1* 5 BF12
West Bowling Grn St *EH6* 13 BG6
West Brighton Cres *EH15* 27 BQ11
West Bryson Rd *EH11* 40 BB14
West Cairn Cres, 66 BA37
Pen. *EH26*
West Caiystane Rd *EH10* 50 BC22
West Camus Rd *EH10* 50 BC21
West Carnethy Av *EH13* 49 AW22
West Castle Rd *EH10* 40 BC14
West Catherine Pl *EH12* 24 BA12
West Cherrybank *EH6* 13 BE5
West Coates *EH12* 24 BA12
West College St *EH8* 5 BF12
West Ct *EH4* 23 AY10
West Ct *EH16* 43 BN16
West Craigs Av *EH12* 37 AP13
West Craigs Cres *EH12* 21 AP12
West Craigs Ind Est *EH12* 21 AP12
West Ctt (Ratho), 35 AG17
Newbr. *EH28*
West Cromwell St **18** *EH6* 13 BH5

West Crosscauseway *EH8*	5	BG13
West End *EH1*	4	BD11
West End Pl *EH11*	24	BB13
West Ferryfield *EH5*	12	BB6
West Fountain Pl *EH11*	24	BB13
West Gorgie Pk *EH14*	39	AY15
West Gorgie Pl *EH14*	39	AY16
West Gra Gdns *EH9*	41	BF15
West Granton Access *EH5*	11	AZ5
West Granton Rd *EH5*	12	BA5
West Harbour (Cock.), Pres. *EH32*	16	CK7
West Harbour Rd *EH5*	12	BA4
West Harbour Rd (Cock.), Pres. *EH32*	16	CK7
West Holmes Gdns, Muss. *EH21*	29	BX13
West Ln, Pres. *EH32*	16	CH10
West Ln Ct **2**, Pres. *EH32*	32	CH11
West Lorimer Pl (Cock.), Pres. *EH32*	16	CK7
West Mains Rd *EH9*	41	BG17
West Maitland St *EH12*	4	BC12
West Mayfield *EH9*	41	BH15
West Mill Ct **4**, Lass. *EH18*	53	BQ26
West Mill La *EH4*	4	BC11
West Mill Rd *EH13*	48	AV21
West Montgomery Pl *EH7*	25	BG9
West Newington Pl *EH9*	41	BG14
West Nicolson St *EH8*	5	BG12
West Norton Pl *EH7*	5	BH10
West One Business Pk *EH11*	37	AR17
West Pk Pl *EH11*	24	BB13
West Pier *EH5*	12	BA4
West Pilton Av *EH4*	11	AY7
West Pilton Bk *EH4*	11	AX6
West Pilton Cres *EH4*	11	AX6
West Pilton Crossway *EH4*	11	AY6
West Pilton Dr *EH4*	11	AY6
West Pilton Gdns *EH4*	11	AY6
West Pilton Grn *EH4*	11	AY6
West Pilton Gro *EH4*	11	AY7
West Pilton Lea *EH4*	11	AY6
West Pilton Ln *EH4*	11	AY6
West Pilton March *EH4*	11	AZ5
West Pilton Pk *EH4*	11	AY6
West Pilton Pl *EH4*	11	AZ6
West Pilton Ri *EH4*	11	AY6
West Pilton Rd *EH4*	11	AZ6
West Pilton St *EH4*	11	AY6
West Pilton Ter *EH4*	11	AY6
West Pilton Vw *EH4*	11	AY7
West Port *EH1*	4	BE12
West Port *EH3*	4	BE12
West Powburn *EH9*	41	BG16
West Preston St *EH8*	41	BG14
West Register St *EH2*	5	BF10
West Register St La **19** *EH2*	5	BF10
West Relugas Rd *EH9*	41	BF16
West Richmond St *EH8*	5	BG12
West Savile Gdns *EH9*	41	BG16
West Savile Rd *EH16*	41	BH16
West Savile Ter *EH9*	41	BG16
West Scotland St La *EH3*	25	BE9
West Seaside, Pres. *EH32*	16	CG10
West Shore Rd *EH5*	11	AX5
West Shore Rd Trd Est *EH5*	11	AY4
West Silvermills La *EH3*	24	BD9
West Stanhope Pl **7** *EH12*	24	BA12
West St, Pen. *EH26*	66	BA39
West Telferton *EH7*	27	BP10
West Ter **3**, S Q'fry *EH30*	6	AD2
West Tollcross *EH3*	4	BD13
West Werberside *EH4*	12	BA7
West Windygoul Gdns, Tran. *EH33*	32	CK15
West Winnelstrae *EH5*	12	BB7
West Wds *EH4*	24	BA8
Westbank **11** *EH4*	10	AU7
Westbank Ln **1** *EH15*	27	BQ10
Westbank Pl *EH15*	27	BQ10
Westbank St *EH15*	27	BQ10
Westburn Av *EH14*	38	AS19
Westburn Gro *EH14*	38	AS19
Westburn Middlefield *EH14*	38	AS19
Westburn Pk *EH14*	38	AT19
Wester Auchendinny Br, Pen. *EH26*	65	BE35
Wester Broom Av *EH12*	38	AS14
Wester Broom Dr *EH12*	38	AS14
Wester Broom Gdns *EH12*	38	AS14
Wester Broom Gro *EH12*	38	AS14
Wester Broom Pl *EH12*	38	AS14
Wester Broom Ter *EH12*	38	AS14
Wester Cl **5** *EH6*	13	BF4
Wester Coates Av *EH12*	24	BA12
Wester Coates Gdns *EH12*	24	BA12
Wester Coates Pl *EH12*	24	BA11
Wester Coates Rd *EH12*	24	BA12
Wester Coates Ter *EH12*	24	BA12
Wester Drylaw Av *EH4*	23	AX8
Wester Drylaw Dr *EH4*	23	AX8
Wester Drylaw Pk *EH4*	23	AY8
Wester Drylaw Pl *EH4*	23	AX8
Wester Drylaw Row *EH4*	23	AY9
Wester Hailes Pk *EH14*	38	AU19
Wester Hailes Rd *EH11*	38	AS18
Wester Hailes Rd *EH14*	38	AS18
Wester Hailes Rd, Jun. Grn *EH14*	48	AU20
Wester Hill *EH10*	40	BA19
Wester Millerhill, Dalk. *EH22*	44	BU20
Wester Row, Currie *EH14*	37	AN18
Wester Steil *EH10*	40	BA18
Western Cor **1** *EH12*	23	AX12
Western Gdns *EH12*	23	AY12
Western Harbour *EH6*	13	BG4
Western Pl *EH12*	23	AY12
Western Ter *EH12*	23	AY12
Westfield Av *EH11*	39	AY14
Westfield Bk, Dalk. *EH22*	54	BU26
Westfield Ct *EH11*	39	AY14
Westfield Ct **2**, Dalk. *EH22*	54	BU26
Westfield Dr **3**, Dalk. *EH22*	54	BU26
Westfield Gro, Dalk. *EH22*	54	BU26
Westfield Pk, Dalk. *EH22*	54	BU26
Westfield Rd *EH11*	39	AZ14
Westfield St *EH11*	39	AZ14
Westgarth Av *EH13*	49	AX21
Westhall Gdns *EH10*	40	BD14
Westhouses Av (Mayf.), Dalk. *EH22*	69	CA30
Westhouses Dr **3** (Mayf.), Dalk. *EH22*	69	CA30
Westhouses Rd (Mayf.), Dalk. *EH22*	69	CA30
Westhouses St **2** (Mayf.), Dalk. *EH22*	69	CA30
Westland Cotts *EH17*	53	BN22
Westmill Rd, Lass. *EH18*	53	BQ27
Westmill Wynd, Lass. *EH18*	53	BQ27
Westside Plaza Shop Cen *EH14*	38	AT19
Wheatfield Gro, Lnhd *EH20*	52	BJ27
Wheatfield Ln, Lnhd *EH20*	52	BK26
Wheatfield Pl *EH11*	39	AZ14
Wheatfield Rd *EH11*	39	AZ14
Wheatfield St *EH11*	40	BA14
Wheatfield Ter **1** *EH11*	39	AZ14
Wheatfield Wk, Lnhd *EH20*	52	BJ27
Wheatsheaf La, Dalk. *EH22*	55	BW23
Whin Pk (Cock.), Pres *EH32*	16	CK8
Whin Pk Ind Est, Pres *EH32*	16	CK8
Whins Pl **16** *EH15*	27	BQ11
White Dales *EH10*	51	BE22
White Hart St **7**, Dalk. *EH22*	55	BW24
White Horse Cl *EH8*	5	BH11
White Pk *EH11*	40	BA14
Whitehall Ct *EH4*	23	AX9
Whitehead Gro, S Q'fry *EH30*	7	AE3
Whitehill Av, Muss. *EH21*	29	BW14
Whitehill Dr, Dalk. *EH22*	55	BZ25
Whitehill Fm Rd, Muss. *EH21*	29	BW15
Whitehill Gdns, Muss. *EH21*	29	BW15
Whitehill Gro, Dalk. *EH22*	55	BZ25
Whitehill Rd *EH15*	28	BS15
Whitehill Rd, Dalk. *EH22*	28	BS16
Whitehill Rd (Newcr.), Muss. *EH21*	28	BT16
Whitehill St (Newcr.), Muss. *EH21*	28	BT15
Whitehouse Ln *EH9*	40	BD14
Whitehouse Rd *EH4*	21	AQ8
Whitehouse Ter *EH9*	41	BE15
Whitelea Cres, Bal. *EH14*	56	AL27
Whitelea Rd, Bal. *EH14*	56	AL27
White's Cl, Dalk. *EH22*	55	BW24
Whitholm (Whitehill), Dalk. *EH22*	69	CA26
Whitingford *EH6*	13	BF6
Whitson Cres *EH11*	39	AX14
Whitson Gro *EH11*	39	AX14
Whitson Pl E *EH11*	39	AX14
Whitson Pl W *EH11*	39	AX14
Whitson Rd *EH11*	39	AX14
Whitson Ter *EH11*	39	AX14
Whitson Wk *EH11*	39	AW14
Whitson Way *EH11*	39	AX14
Whyte Pl *EH7*	26	BJ10
Wilfrid Ter **5** *EH8*	26	BL10
Wilkieston Rd (Ratho), Newbr. *EH28*	35	AE17
William Black Pl, S Q'fry *EH30*	7	AE3
William Jameson Pl **17** *EH15*	27	BQ10
William St *EH3*	4	BC11

William St La N E *EH3* 4 BC11
William St La N W *EH3* 4 BC11
William St La S E *EH3* 4 BC11
William St La S W *EH3* 4 BC12
Williamfield Sq **3** *EH15* 27 BQ11
Willow Av, Bonny. *EH19* 61 BR29
Willow Path **2**, Lnhd *EH20* 59 BH28
Willow Rd (Mayf.), 69 CA29
Dalk. *EH22*
Willow Tree Pl, Bal. *EH14* 46 AM24
Willowbank Row *EH6* 13 BF5
Willowbrae Av *EH8* 26 BL11
Willowbrae Gdns *EH8* 26 BM11
Willowbrae Rd *EH8* 26 BL11
Wilson Av, Dalk. *EH22* 55 BY24
Wilson Av, Pres *EH32* 16 CH10
Wilson Rd, Gore. *EH23* 68 BZ34
Wilson St, Pen. *EH26* 66 BA38
Wilson Wk **12**, Tran. *EH33* 33 CL14
Wilson's Ct **24** *EH8* 5 BG11
Wilson's Pk *EH15* 27 BR10
Wilton Rd *EH16* 41 BH17
Windmill La *EH8* 5 BF13
Windmill Pl **12** *EH8* 5 BG13
Windmill St *EH8* 5 BF13
Windsor Cres, Pen. *EH26* 67 BC37
Windsor Dr, Pen. *EH26* 67 BC38
Windsor Gdns, 30 CA13
Muss. *EH21*
Windsor Pk, Muss. *EH21* 30 CB13
Windsor Pk Dr, 30 CB13
Muss. *EH21*
Windsor Pk Pl, Muss. *EH21* 30 CB13
Windsor Pk Ter, 30 CA13
Muss. *EH21*
Windsor Pl *EH15* 27 BR11
Windsor Rd, Pen. *EH26* 67 BC37
Windsor Sq, Pen. *EH26* 67 BC37
Windsor St *EH7* 25 BG9
Windsor St La *EH7* 25 BG9
Windsor Ter, Pen. *EH26* 67 BC37
Windy Wynd, Muss. *EH21* 29 BZ15
Windygoul Cres, 33 CM14
Tran. *EH33*
Winton Cl, Tran. *EH33* 33 CN15
Winton Ct **1** (Cock.), 17 CL7
Pres *EH32*
Winton Ct, Tran. *EH33* 33 CN15
Winton Dr *EH10* 50 BD23
Winton Gdns *EH10* 51 BE23
Winton Gro *EH10* 50 BD22
Winton Gro, Tran. *EH33* 33 CN15
Winton Ln *EH10* 51 BE23
Winton Pk *EH10* 50 BD23
Winton Pk (Cock.), 17 CL8
Pres *EH32*
Winton Pl, Tran. *EH33* 33 CM13
Winton Ter *EH10* 50 BD23
Winton Way, Tran. *EH33* 33 CM15
Wishart Av, Bonny. *EH19* 54 BT27
Wishart Pl, Dalk. *EH22* 54 BU25
Wishaw Ter *EH7* 26 BK10
Wisp, The *EH16* 43 RR16
Wisp Grn *EH15* 27 BR15
Wolrige Rd *EH16* 42 BJ19
Wolseley Cres *EH8* 26 BL10
Wolseley Gdns **8** *EH8* 26 BL10
Wolseley Pl **9** *EH8* 26 BL10
Wolseley Ter **6** *EH8* 26 BL10
Wolsey Av, Bonny. *EH19* 62 BS29
Woodbine Gdns **5**, 16 CH10
Pres *EH32*
Woodbine Ter *EH6* 14 BJ8
Woodburn Av, Dalk. *EH22* 55 BY24
Woodburn Bk, Dalk. *EH22* 55 BY24
Woodburn Dr, Dalk. *EH22* 55 BX24
Woodburn Gdns, 55 BY24
Dalk. *EH22*
Woodburn Gro, Dalk. 55 BY25
EH22
Woodburn Ln, Dalk. *EH22* 55 BY24
Woodburn Medway, 55 BY25
Dalk. *EH22*
Woodburn Pk, Dalk. *EH22* 55 BY24
Woodburn Pl *EH10* 40 BD16
Woodburn Pl, Dalk. *EH22* 55 BY25
Woodburn Rd, Dalk. *EH22* 55 BY24
Woodburn St, Dalk. *EH22* 55 BY24
Woodburn Ter *EH10* 40 BD16
Woodburn Ter, Dalk. *EH22* 55 BZ25
Woodburn Vw, Dalk. *EH22* 55 BZ25
Woodend Pk, Ros. *EH25* 65 BH32
Woodfield Av *EH13* 48 AV21
Woodfield Pk *EH13* 48 AV21
Woodfield Pk (Bils.), 59 BF29
Ros. *EH25*
Woodhall Av, Jun. 48 AT21
Grn *EH14*
Woodhall Bk *EH13* 48 AV22
Woodhall Dr, Jun. 48 AT21
Grn *EH14*
Woodhall Gro *EH13* 48 AV22
Woodhall Millbrae, Jun. 48 AU21
Grn *EH14*
Woodhall Rd *EH13* 49 AW21
Woodhall Ter, Jun. 48 AT21
Grn *EH14*
Woodlands Gro *EH15* 27 BN12
Woodrow, Gore. *EH23* 68 BY34
Woods Ct **7**, Bonny. *EH19* 61 BR28
Woodside Dr, Pen. *EH26* 67 BB38
Woodside Gdns, 30 CA13
Muss. *EH21*
Woodside Ter *EH15* 28 BT12
Woodstock Pl *EH16* 42 BK18
Woodville Ter *EH6* 14 BJ8
Woolmet Cres (Dand.), 43 BR19
Dalk. *EH22*
Wright's Hos *EH10* 40 BD14
Wyvern Pk *EH9* 41 BF15
Wyvis Pk, Pen. *EH26* 67 BC36

Y

Yardheads *EH6* 13 BH6
Yarrow Ct, Pen. *EH26* 67 BC36
Yeaman La *EH11* 24 BB13
Yeaman Pl *FH11* 24 BB13
Yewlands Cres *EH16* 42 BK20
Yewlands Gdns *EH16* 42 BK20
York La *EH1* 5 BF10
York Pl *EH1* 5 BF10
York Rd *EH5* 13 BE5
Young Av, Tran. *EH33* 33 CM14
Young St *EH2* 4 BD11
Young St La N *EH2* 4 BD11
Young St La S *EH2* 4 BD11

Z

Zetland Pl *EH5* 12 BD5